古山正雄

# 安藤忠雄
# 野獣の肖像

新潮社

Ando's works
Hokkaido

北海道の自然と一体化するような「水の教会」(1988年)。水面に立つ十字架が、静かな緊張感をみなぎらせる。撮影＝白鳥美雄

真駒内滝野霊園の「頭大仏」(2016年)は、既存の大仏を高さ11メートルの回廊で囲うという意表をつくプラン。外からは頭だけが見え、回廊の上の人工丘陵を冬には雪、夏にはラベンダーが飾ることになる。撮影＝小川重雄

左┃瀬戸内海に浮かぶ直島の「地中美術館」(2004年)。上からは幾何学形態がいくつも散らばっているように見えるが、建物は地中でつながっている。撮影＝市川かおり
下┃「地中美術館」展示室。安藤の建築と、ウォルター・デ・マリアの彫刻作品「タイム／タイムレス／ノー・タイム」の競演。撮影＝筒口直弘［新潮社］（左頁下も）

ヴェネチアの運河に突き出る「プンタ・デラ・ドガーナ」(2009年)は、15世紀の建物を修復し現代美術館に再生させたもの。三角形平面の中央部には、コンクリートの壁で囲われた空間を、入れ子状に埋め込んでいる。

Ando's works
Osaka | Paris

上 ┃「光の教会」(1989年)は大阪府茨木市の住宅街にある小さな教会だが、コンクリート壁にあけられた十字のスリットから差し込む光が、この上ない荘厳さをかもしだす。撮影＝松岡満男
下 ┃ パリでは、18世紀の歴史的建造物「ブルス・ド・コメルス」の再生プロジェクトが2016年よりスタート。円形の建物の中心に直径30メートルの円筒が埋め込まれ、現代美術の展示スペースとなる予定である。写真提供＝ユニフォトプレス

# はじめに――革命児の軌跡

安藤さんは、若い頃から自分は野獣だと言っている。彼は建築家である前に、大阪の街をジャングルのように駆け巡る野生の動物なのだ。素早い動きとクレバーな判断は、まさしく都会に生きる獣だ。

かたや日本はいま、少し疲れている。だからこそ、私たちは安藤さんを必要としている。知性は飽和状態だが、野性が欠乏しているのだ。私たち一人一人が自らの劣化をくい止めるには、野性のエネルギーが必要だ。安藤さんが言うには、衰弱した野性を知性で補完することは出来ない。逆だ。劣化した知性を野性で元気づけることが求められている。

安藤さんの建築は極めて知的である。彼の建築は、明晰な幾何学と精緻な論理性によって出来ている。つまり彼は、ものづくりに潜む知性というもの、手に宿る知性というものを信じている。その意味では、彼は決して反知性のヒーローではない。素顔の彼は、オーソドックスなヒューマニストであり、小さな生き物や下町の子供たちが大好きなのだ。じゃりン子チエのようなけなげな働き者を見ると思わず感動してしまう人である。

安藤さんは大阪生まれの大阪育ち。下町の少年が、大学にもいかずに世界で活躍できる建築家に成長していくためには、努力や運も大事だが、よく考えよく悩むことが大切だ。安藤さんは、その悩みの深さがしっかりと表現されている作品を評価する。


彼はよく「それはパターンやろ」と言う。それらしく整理されている計画案だ、いい悪いではなく段取り仕事になっているという意味だ。プロにありがちな、根本的な疑問が感じられない答えであり、そこに感動はない。

彼はまた「それはデザインやろ」と言う。これは美顔術的という意味だ。悪くはないがプチ整形では、課題解決よりも隠蔽工作になってしまうからである。

彼が心を動かされるときは、

「これは人生がかかっているよ」と言う。

命がけの真剣勝負の怖さが感じられる表現だという意味である。


かつて、かのル・コルビュジエ（1887〜1965）は、近代社会の光と影を具体的に検証しながら、この社会の矛盾を解決するために、建築をとるか革命をとるかという挑発的な問いを投げかけた(1)。多くの人は、自分は専門家になって社会を変えていきたいと考える。だが安藤さんは、専門家になる前に、革命児でなければならないと考えている。どんな領域においても、専門家になる前に、革命児であれ、というのが安藤さんの考えだ。

もちろん革命は一日にしてならず。建築も一日にしてならず、安藤さんも一日にしてならず、である。

この本では安藤さんが人生を賭けて成し遂げようとしている建築について、そして革命について、考えてみたい。彼の実践的で攻撃的な生き方は、読者のみなさんにとって人生のサプリメントとなるであろう。

＊以下の本文では安藤さんをはじめ、すべての方のお名前を原則敬称略とする。私の師にあたる先生方も呼び捨てにするのは抵抗があるが、客観的記述のためにお許しいただきたい。

目次

安藤忠雄　野獣の肖像

安藤忠雄近影。直島「ベネッセハウス パーク」にて。
撮影＝筒口直弘［新潮社］

**安藤忠雄**
あんどう・ただお

1941年大阪生まれ。建築家。世界各国を旅した後、独学で建築を学び、1969年に安藤忠雄建築研究所を設立。イェール大、コロンビア大、ハーバード大の客員教授を務め、1997年東京大学教授、2003年から名誉教授に。1979年に「住吉の長屋」で日本建築学会賞、1993年に日本芸術院賞、1995年度プリツカー賞、2005年に国際建築家連合（UIA）金メダルほか受賞歴多数。2010年には文化勲章受章。主な作品に「六甲の集合住宅」「セビリア万博日本政府館」「光の教会」「大阪府立近つ飛鳥博物館」「淡路夢舞台」「フォートワース現代美術館」「地中美術館」「プンタ・デラ・ドガーナ」など。著書に『連戦連敗』（東京大学出版会）、『建築家　安藤忠雄』（新潮社）など。2000年設立の「瀬戸内オリーブ基金」をはじめ、近年は各地で植樹活動にも尽力する。

# 01 安藤忠雄との出会い

はじめて安藤忠雄に会ったのは、1977年の夏休み前のことである。

私は京大の建築学科を出て大学院は東大に進んだが、京都工芸繊維大学に助手として勤めることになり、5年ぶりに京都に帰って来たところであった。

建築史家の伊藤ていじ（1922〜2010）による新聞記事で、大阪を拠点に鮮烈なデビューを果たした建築家の存在を知った。その記事は、当時新宿に建設されつつあった超高層ビル群と庶民住宅を鋭く対比させながら、都市の変貌の中に、戦後日本社会が曲がり角に来ていることを読み解く内容であった。高層化に拍車をかけ、急速に姿を変える大都市に抗うように、土地に密着した個人住宅を黙々とつくり続けている安藤忠雄という人に会ってみたいと思うようになった。

はじめて彼に会った日のことはよく覚えている。

当時、安藤忠雄の事務所は、大阪市中央区本町のドムスビルの上階にあった。ピシッと整理され、彼の神経が隅々まで行き届いていることが一目で感得できるオフィスだ。スライド写真のファイルボックスが白い本棚にきちんと並べられていたのが印象的だった。エレベーターを降りると、廊下の突き当りに倉俣史朗（1934～91）の照明器具がおいてあった。「オバQ」と呼ばれたこの照明器具は、柔らかく熱したアクリルのシートを一枚一枚、ハンカチのように光源にかぶせてつくるそうである。一つ一つが手づくりの、いわば友人へのプレゼント、安藤と倉俣の友好のあかしでもある。その頃の安藤は、建築よりインテリア・デザインの仕事で知られていた。実際、当時の「ジャパン・インテリア」誌では、倉俣史朗、黒川雅之（1937～）、安藤忠雄の作品が誌面をにぎわしていたが、彼ら著名デザイナーの作品の実物が安藤事務所にあるということは、ちょっとした驚きであった。その日から、折をみては事務所を訪れ、デザインや造形、そして建築の話をするようになっていった。

安藤は倉俣史朗のことをめったに話さなかったが、その限られた言葉の端々から、倉俣を尊敬していることはうかがえた。というのも、倉俣は造形的な才能があるだけでなく、現実を超えた表現を常に求めていたからである。

「倉俣さんは超えとるよ」と安藤が言う。「布や生地のショウルームのデザインを考えるときでも、布がフワッと中空に浮いているように展示したいらしいわ。磁石を使うか、静電気でやるか、空気を送って天女の羽衣みたいに実際に空中に浮かしたいとか、いつも風変わりなアイデアを練っている人や」

風変わりなアイデアといえば、当時、ガラスの板同士を直角に止めることのできる「フォト・ボンド100」という接着剤が開発され、倉俣はこれを用いて板ガラスだけでできた椅子を制作した。この実物も安藤事務所で見た記憶がある。金具を用いないで、直にガラスが突き付けられ、人が座れる椅子がつくられている。現代科学によって具現化された研ぎ澄まされたイメージ、ガラスだけでできているはかなさと脆さ、腰かけたとたんに崩壊するのではなかろうかという怖さの感覚。というよりも、これしかないと言わんばかりの、少しのズレも許さない究極の表現が、緊迫した真剣勝負を思わせる。緊張感に満ちた椅子である。

才能のままに、才能だけでデザインする人よりも、挑戦している人、狙っている人、いまを超えようとする人が、安藤は好きなのだ。同時に彼は、超えていくことの危険性を敏感に察知する能力も抜群であった。表現の新規性を狙うあまり、見る人を驚かせることがデザインの目的になってしまう危険性を十分に承知していた。

これはだいぶ後の話だが、安藤がスイカはどうやって食べるかと聞くので、「船形に切って食べますよ」とこたえたら、「おもしろい食べ方があるんや」と言う。

ある夏の日、横尾忠則（1936〜）のうちに大勢が集まったときのこと。夏はやっぱりスイカだなということになり、スイカを買って来た。「せっかくだから、今日は、スイカのステーキが食べたいね」と横尾。どうするのかとみていたら、輪切りにして皿にのせ、ナイフとフォークで食べはじめたというのだ。まさしくスイカのステーキだ。実に洒落た趣向であり、芸術家たちの小さなパーティーにふさわしい。

安藤はこうしたユーモラスな趣向が大好きなのだが、同時にあまり度が過ぎて、言葉が造形を超えてしまうことを警戒していたと思う。洒落が効きすぎて、言葉が一人歩きし、造形的な表現を超えて観念論におちいってしまうことを嫌っていたのだ。

若き安藤は自分の立ち位置を、デザイナーでもアーチストでもプランナーでもない、やはり建築家でなければならないと、心に決めていた節がある。そして建築の可能性に賭けていこうと思っていたはずである。同時に、建築の限界あるいは建築と芸術の境界についても敏感であったと思う。建築以外の分野の人との交流が膨らんでいっても、建築にとどまろうと決めていたのではなかろうか。周りの友人や知人がさまざまな実験住宅を発表し、言葉や理念がどんどん過激化していく70年代半ばの状況にあって、安藤は比較的冷静に建築家仲間と付き合っていた。実体としての建築を変えていくことには注力するが、言葉の魔力には軽々に賛同しないという姿勢である。「うちの事務所は毎日が現業やから」とよく言っていた。

## 実践的な職能人として

当時、安藤は技術講習会と称して、時々勉強会を開いていた。話題の人を呼んで話を聞く会である。あるとき、東京から宮脇檀《まゆみ》（1936〜98）を招いて小さな講演会が開かれた。宮脇は若手の建築家からの支持も厚く、学生にも人気のある建築家であった。外見もダンディーであり、作風がまた洒落ている。雑誌の「モダンリビング」とか「家庭画報」とかに取り上げられる、主婦層に受けの良い建築である。ともかくカッコよくてスマートなのだ。それがまずいことになるのではないか、という予感がしていた。

夜は飲み会となり、主に在阪の建築家が集まった。やがて酔いがまわり、議論が熱を帯びてくる。そのうち興奮して、議論が口論となり、杯が飛び交う。最後には関西建築界の長老、石井修（1922〜2007）が割って入ってお開きとなった。その場にいた私は、東京からわざわざ来てもらったお客さんに対して失礼じゃないかと思ったが、安藤は終始冷静な態度で、しようがないな、という風である。この頃の安藤は、宴席には義理がたく顔をだすものの、熱気をおびた議論には参加しなかったのだが、今にして思えば、当時流行していた、おしゃれな住宅やモダンハウスは彼の住宅観と相いれなかったに違いない。洗練された近代住宅、いわゆる「白い近代」と呼ばれるクールで健康な市民生活の容器としての建物は、性に合わないのだ。

安藤に限らず、大阪的風土の中で住宅をつくっている若手建築家にとっては、東京のカッコ良さはまぶしく映るが、それと同時に現実味に欠けた物足りなさを感じる、といったところだろう。建築界における大阪と東京の違いは、野球における阪神と巨人の違い以上に大きかったのだ。この夜の一件は、心斎橋の飲み屋「たよし」の乱として私の記憶に残っている。

安藤は大学で建築を学ばずに、実践的な職能人として建築の道に入って来た。そのときに大きな財産となったのは、仕事を通して築いて来た有能な専門家やプロたちとの人的ネットワークである。彼はそうした町のカリスマたちから一目置かれてもいた。「他の人より社会経験が長いからな」というのが、出会った頃の口癖であった。

あるとき、「吉田さんはショッピングセンターの神様といわれている人や」と言って、船場の吉田三郎という人を紹介された。ドアの開き方、階段の上り勝手や扉の前の寸法など、図面上ではなかなか気付けない人間の心理や行動のパターンを読みながら、店舗を改修して売上を倍増させるのだと。また、敷地を読むことにかけて鋭い才能の持ち主の赤松良一という人もいた。雨の流れ方、風の向き、隣の塀の汚れ方、人の流れは大通りから小路にどのように動いていくのか、こうした具体的で細かい事実を精緻に読み解き、客の出入りや店のレイアウトを想定するということである。まるでシャーロック・ホームズのように観察と推理を結び付けていく。町なかにはこのようなカリスマ的専門家がたくさんいて、ほとんどが安藤の知り合いであった。

## 17歳のプロボクサー

安藤忠雄が建築家になる上で、あるいは人生を送る上でもっとも重要な体験は、青春時代のプロボクサーとしての体験と、祖母と過ごした幼年期の生活体験である。
彼は、ボクシングについて、また17歳の体験についてこう記している。

ボクシングというスポーツは、他人に依存することのない格闘技である。……試合までの何か月かをその一戦にかけて、練習し、絶食をして減量、肉体と精神を鍛えあげていく。生命をかけて、孤独と栄光を一身に引き受けるという過酷なスポーツである。ボクシングで経験した、リングに飛び出して行くときの緊迫感、誰にも頼らずに、たった一人で闘わなければならない孤独感は、その後の創造の基調となっている(1)。

17歳でプロボクサーとしてデビューしたのは、安藤とは双子の兄弟である北山孝雄（1941〜）の影響だった。北山はすでにプロボクサーとして活動しており、同時にデザイナーとしても名前が知られていた。この早熟な弟は、兄の安藤よりも時代に敏感で、1970年代の日本のファッショナブルスポットの開発においてカリスマ的存在となった人物である。

ボクサーとしての体験は、安藤に様々な人生の教訓を授けることになった。ボクシングは肉体と肉体の戦いであるが、同時に、肉体と精神の戦いでもある。肉体的な欲望を精神力で抑圧することによって、感覚器官の素早い反応速度を生みだし、一瞬の判断力や極限の決定力を鍛える。

ボクシングは、孤独で危険なスポーツである。恐怖心に打ち勝つために厳しく自己を鍛え上げる精神力が必要であり、彼は今も、ボクサー時代の自己鍛錬を続けている。毎日寝る前の運動——ストレッチ体操、歯茎を鍛え、視力を保つトレーニング、腹筋運動、背筋運動、上腕筋の運動を、50年間おこたったことはない。継続は力であるという安藤の人生観の表れでもある。

あるとき「ファイティング原田、知ってるやろ。彼は天才や。なんでやと思う？」と聞かれた。何が天才かというと、技術力というよりも身体能力のことなのだ。ボクシングは、3分の戦いと1分の休息の繰り返しである。1960年代にフライ級とバンタム級の世界チャンピオンに輝いたファイティング原田は、1分休むだけで疲労が100％回復する。15ラウンド戦っても、毎回同じ元気さでリングに飛び出していけた。疲労が蓄積しない人間、いくら戦っても〝減らない人間〟なのだ。安藤はこの事実に驚愕したという。それは同時に、普通の人間はやっぱり減っていくという真実の発見でもあった。

安藤は西日本新人王に輝き、その後6回戦までいった。れっきとしたプロボクサーである。通常、囲碁将棋でもそうだが、プロになってランクを上げていくのは至難の業だ。彼は、タイでの国際試合も経験している。プロとはいえ17歳の少年が、異国で戦うために一人で船に乗って出かけるのは大変なことである。自分の恐怖心との戦いがもっとも大変であり、恐怖に耐えられず試合前日にホテルから逃げ出す選手もいたくらいだ。

やくざの若い者が喧嘩に強くなりたいためにジムに来ることもあったそうだが、すぐにやめていく。相当の覚悟と身体能力がないとボクサーにはなれない。安藤にはボクシングの才能があったが、その程度の才能では世界王者になるのは無理だと判断する。ボクシングをあきらめる時点で、ボクシングの教えを人生の財産として活用しようと決めたのだ。〝減らない人間〟にならなければ、世界で戦える者にはなれない。毎朝目が覚めるごとに、同じ勢いで戦いの場に飛び出していける自分をつくること。そのためには自分が摩耗しない職業を見つけるのが一番だ。安藤いわく、「自分が好きだと思う食べ物は、好きな食べ物ではない。毎日毎日、飽きずに食べられるものこそ、好きな食べ物だと思え」ということだ。

## 祖母の家で

安藤の人生にとって貴重な財産の二つ目は、祖母の家での少年時代の体験である。

今では神話化されたそのおばあさんの家に泊めてもらったことがある。知り合って間もない頃、ひょんなことから、うちに泊まっていくかと言われ、結婚後は夫妻で住むようになってい た大阪市旭区の長屋に招かれたのだった。おばあさんが亡くなって間もない頃のことであり、安藤が位牌に線香をあげていたのを覚えている。由美子夫人の話では、帰宅後必ず線香をあげ、夜遅くまで本を読む毎日ということだった。安藤がここを拠点に非常に学生っぽい生活を送っているのを目の当たりにし、妙に納得したものだった。

翌朝、表の間で朝食をごちそうになった。フランスパンがおいしかった。事務所に出かけるときに、町内を抜けていくが、向かいの家は木工所で、隣近所には木型屋など小さな工場があった。建築ではものづくりと言っても図面を書いて指示するだけだが、木型屋では目だけでなく手の感覚も駆使し、100分の1ミリの精度を誇る実物をつくっていく。身体全体を使った職人技こそ本当のものづくりだという思いが、安藤の中に埋め込まれている。しかし建築家は職人とは異なり、現場で直接手を出すことはできない。建築家は自分の手でつくると言うよりも指示をするのが職能なのだ。

安藤は、建築を志してからは、世界を旅して様々な建築を体験し、また研究もして来たのだが、しかしもっとも影響を受けた建築は、実は自分が育った旭区の長屋ではなかろうか。彼はこの長屋での体験を次のように書いている。

大阪の下町で育つ。間口二間、奥行八間という細長い木造二階建ての長屋で、……冬は風が走るのが見えるくらい寒く、下着を一枚余分に着て寝る。夏は暑く、東西に長い家なので風が抜けない。夏も冬も、腹立たしい家である。……この家にいると、むらむらと社会に対する怒りがわいてくるし、住環境を改善しないといけない、という気持ちも起こってくる。つくるエネルギーを失わないためには、ここでの生活が重要な気がする。(2)

幼年期を過ごしたこの空間こそ、まさしく安藤忠雄の体に染みこんだ建築である。私自身も狭小で貧乏な町屋で育ったので共感するところは多い。実際、下町の暮らしとは、多かれ少なかれそのようなものなのだ。しかし彼の立派なところは、そんな環境の悪さを運命として受け入れなかった点にある。嘆き悲しむのではなく、憤の感情に火をつけたのだ。もちろんお金を貯めて、マンションへと逃げ出す路もあったかもしれない。だが、安藤少年はけなげにも、建築家になって自らの力で住宅を変えていこうと決心したのである。

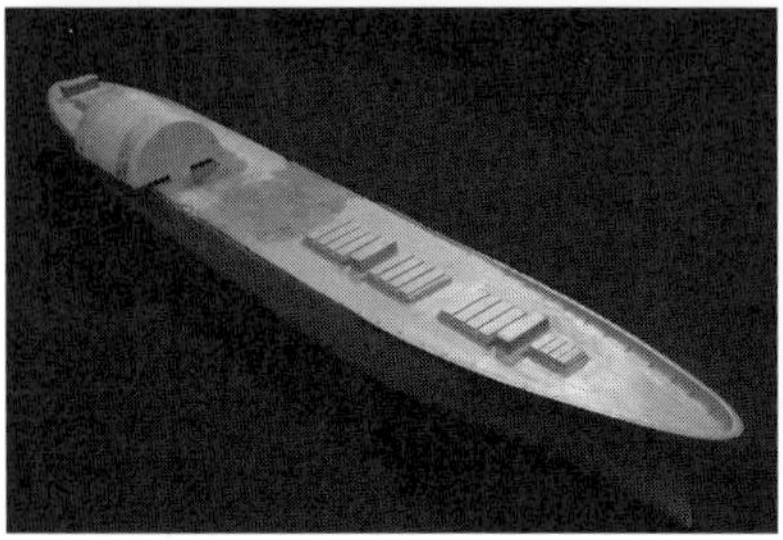

右｜安藤が育った大阪市旭区の祖母の家。二階部分は、安藤が中学2年の時に増築された。
左上｜安藤を育てた母方の祖母・安藤キクエ。
左下｜小学校時代につくった船の模型。ものづくりが大好きな子供だった。

1958年、プロボクサーとしてデビューした17歳の安藤。

# 02 1970年代の横顔

安藤忠雄の名作「住吉の長屋」は1976年に誕生した。これは一つの事件であった。その衝撃は大阪から世界へゆっくりと、確実に波紋を広げていった。

「住吉の長屋」は、大阪のディープサウス、住吉大社の前にあるコンパクトなコンクリート打ち放しの箱である。通りからは中の様子はうかがい知れない。ある人は「煮えたぎる無関心」と命名し、ある人は「工芸品のようなコンクリートの箱」といい、またある人は「コンクリートの茶室」と表現した。私自身、安藤から第一印象を聞かれたとき「このように大阪の街に対する愛情と憎しみを同時に訴えている建築というのは見たことがない、高い批評性を感じる」と答えたと思う。「住吉の長屋」については、安藤が少年時代を過ごした祖母の家とボクシングという、極めて特異な私的体験から説明的に語られることが多い。建築が私小説でないのは確かだが、一方で、個人住宅は私小説以外の何ものでもないというのも実感である。安藤の場合、常識破りの個人体験を普遍化し、建築にしていく能力が抜群なのだ。

安藤が建築界にデビューしたのは1970年代であるが、彼の建築は当時の建築界の主たる流れの中でどのような位置にあったのであろうか。初期安藤の活躍を、「住吉の長屋」の以前と以後に分けて考えてみよう。

## 「住吉の長屋」以前

1970年という年は、大阪万国博覧会が開催され、日本中がお祭り騒ぎとなった年である。同時に、このお祭り騒ぎの後に続く時代は、経済的にも文化的にもはっきりしないものとなることを予感させる年でもあった。晴れのち曇りだ。そもそも「お祭り広場」という和風の名称、世界の祭りが一堂に会するというコンテンツ、丹下健三（1913〜2005）が設計した先端技術の集積である広場の大屋根から唐突に岡本太郎（1911〜96）の「太陽の塔」が首を出し、さらに三波春夫の歌う「世界の国からこんにちは」が鳴り響くさまは、明るい混乱のうちに正統派モダニズムが変調をきたす予兆だったのかもしれない。

そんな時代の雰囲気の中、いよいよ安藤忠雄がそれまでの人生をかけて建築という格闘技にデビューする。1973年のことだ。当時はまだ「住吉の長屋」が完成する以前の安藤であり、建築に対する挑戦の意欲は人一倍熱いものが感じられるが、如何せん、考えが整理されていない。しかし、デビュー当時のもがき苦しむ姿や、現場でのあれやこれやを検証していくと、その後の安藤の姿が当時の文章やプロジェクトに埋め込まれていることが判ってくる。

若手建築家たちの登竜門として人気の高かった「都市住宅」の1973年7月臨時増刊号「住宅第4集」は、表紙のこんな文章で静かに始まる。

鳥が通りすぎると
その窓は見えはじめる
空が遠のくと
その屋根は　部屋を隠す
その街には誰かが住んでいる

しかし内容は過激であった。ページを繰ると、安藤による「都市ゲリラ住居」のプロジェクトが発表されていたからである。

その渾身のデビュー作は大阪の庶民住宅であり、「都市ゲリラ住居」というネーミングから推測できるとおり、個人住宅を基点として、急速に近代化されつつある都市にむかって闘いを挑んでいく建築であった。誌面には大阪下町を舞台とする三つの住宅の計画案が、黒く塗られ

「都市住宅」1973年7月臨時増刊号に掲載された「都市ゲリラ住居」の計画案のうち、「ゲリラⅡ（小林邸）」。

たボックス型の模型写真とともに発表され、カッコ良さよりも力強さを感じさせた。周辺の街並みは英字新聞でおおわれており、真っ黒なゲリラ住居との対比が印象的だ。下町の喧騒の中に、いきなり黒く塗られた異様な物体が現れる。住宅というよりも砦のような、基地のような断面構成をもつ住居。商店街や長屋の一角にコンクリートの不思議な建物が現れるというプロジェクトはパンチ力があった。

　建築界における反応はさまざまであったが、長屋という課題に真剣に取り組み、建築的な解決案を示そうとする安藤の努力を評価したのは、冒頭でも触れた建築史学の碩学にして当時の建築界のご意見番的存在だった伊藤ていじである。新人安藤にとってはありがたい励ましだったろう。

　安藤はこのプロジェクトの趣旨説明の中で、次のように述べている。

建築の分野においても、ウィリアム・モリスの〈アーツ&クラフト運動〉を嚆矢とし、初期バウハウスなどの流れに汲みとれる〈近代〉の病根に対決する〈抵抗〉の運動が、常にこの問題の狭間で坐折、解消してゆき、今尚、明確なオリエンテーションを見つけかね蛇行しているのが実状であるにもかかわらず、〈多様化〉という、便利で、曖昧模糊とした言葉の中に吸収されようとしている情況を想起すれば、あらためて、その潮流の底の深さを感じずにはおれない。

時代の流れに敏感な建築分野では〈多様化〉に呼応して、〈カプセル〉〈ポップ・アーキテクチュア〉〈ヴァナキュラリズム〉〈アノニマス・アーキテクチュア〉〈デザイン・サーベイ〉等々、ヴォキャブラリーも多岐に及び、まさに百花繚乱の感が濃いが、そのような現代のカオス的断面の中で、〈都市ゲリラ住居〉は、いかなる意味をもちうるか。(1)

この説明文は、現代社会の状況批判から始まり、真摯な解答を提示できない建築界への批判へと進んでいく。なんとも生煮えの文章であるが、40年後のいま、ゆっくりとかみ砕いて読んでいくと何かが伝わってくる。安藤は自問自答しているが、その答えは明らかである。自分は時代に敏感な、格好いい建築を造る流行作家に関心はない。生活に根ざした重く根源的な住宅を造りたいという強い意思表示が感じられる。そこには、長屋に育つことで抱いた「社会に対する怒り」も込められていただろう。つまり、ここに示された生硬でたどたどしい言葉は、彼の精一杯の気持ちの表れであると同時に、自らの建築家宣言でもある。

そもそも個人的な感情や社会に対する怒りを建築の形で表明するということが、一つの発明であった。というのも、建築は社会に対する過剰なまでの適応が要請される領域であり、怒りの表明という主題は極めて成立しにくい分野であるからだ。

大阪万博のお祭り騒ぎから3年後の1973年は、大学紛争が終焉を迎え、ベトナム戦争の終結が予感される年であった。何かが終わっていく。しかし何も始まらない。1960年代、戦後日本の近代化と民主化の努力が国民に共通に理解されていた時代から、1970年代、多様な価値観が併存する時代へと変化しつつあった。多くの人々は、多様化を楽しむ時節の到来を喜んでいたと思う。しかし安藤は納得していなかった。戦後の高度成長の成果を謳いあげた時代がすぎ、近代化に異を唱える若者の運動もすでに下火となり、個人が勝手に小さな幸せを楽しむ季節がやってきたのだ。ポップアーキテクチュアをはじめとする多くの建築諸流派は、個別の幸せを包むためのファッショナブルな住宅を設計しようとして妍を競っていた。そこにやってきたのが安藤忠雄である。ある意味では遅れてきた建築家であり、物判りのよくない建築家であり、団欒中のお茶の間に来て、ちゃぶ台をひっくり返してしまった。

そのときの彼の心情を、先の「都市ゲリラ住居」の一文から要約すると、次のようになる。

――錯綜した都市において高度情報化社会の到来を喜んでいる場合ではない。それは、個人の存在を部品化し、ものづくりの技術から魂を抜き取っていく。こうした流れに抵抗するための唯一の砦は個から構築される住居であり、現代都市の中で人間的復権の可能性は、住まうという欲求の本質を回復することである。そのような住居は、動物的とでもいえるような、劇的に生を獲得するための、強烈な空間を内包しなければならない。あくまでも個から発せられる、生活することに対するグロテスクなまでのむき出しの裸性の欲求を思考の中心に据えること。住居はそれらをすっぽりとのみ込んでしまうような、シェルターとしてイメージされる。――

安藤の提示した三つのゲリラハウスは、大都市過密地域の中の猫の額ほどの土地に独立住居を建設したいという施主の欲求に応えるものである。喧噪の都市に住み着いていこうとする意志に賛同し、建築的な答えを実現していくことこそ、建築家として最も地に足の着いた行為である。個から始めること。個の欲求に直截に応えること。

安藤の主張は、三点に絞られる。

■個を思考の中心に据えること、あるいはまた肉体的直感を基盤に据えた自己表現としての住居を求めること。
■住居を都市の諸悪から隔絶し、内部空間の充実にすべてを託すこと。
■外部環境への嫌悪と拒絶の意志表示としてファサードを捨象し、内部空間の充実化をめざすことによって、ミクロコスモスを現出させること。

住宅という個人的な営為は建築と都市の関係の基本を成すものであり、社会を変えて行くには個が住まうことの変革から始めなければならないという主張である。言い換えれば、こうなる。

■外部に対して愛想笑いを浮かべるようなデザインは御免こうむりたい。
■内と外の相互貫入といった空間を追求することは、偽善的なコミュニティに対する幻想を追いかけることに過ぎない。
■信じているのは内部空間だけだ。

結局、都市から隔離された住宅の内部空間は、光を求めて天空へと触手を伸ばすことになる。天空から注ぎこむ光と内部の闇の出会いが小さな宇宙を現出させるはずだ。住居は街との関係を遮断し、空に向かって光と風を呼びこむ孔《あな》を穿つ。戦士の休息を約束する内部空間をつくり出し、内省的で静かな坪庭を中心に、孤独を好むエピキュリアン的な生活が展開される。「都市ゲリラ住居」という名称については、安藤も気恥ずかしさを隠しきれない様子であるが、「過密化し、疲弊しきった大都市が、その体内に根深く所有した、深い悲しみなのではないか[2]」と言っている。共感できる一節だ。

1973年、怒りの建築によるデビュー戦は華々しいものであったが、怒りの感情は自らを頑なにする。その結果、自由な成長を妨げることになるのではないか。これから先、安藤はどの方向に進むのだろう。そもそも建築とは幸せの器でなければならないはずだ。ましてや商業建築では、日常性を超える華やかさが求められる。社会に向かって怒りをぶつけていたら商売にならないだろう。我々は期待と不安を込めて見守っていたのだが、実際には心配はいらなかった。商業建築の分野も安藤忠雄の独擅場であったからだ。

安藤は1960年代に神戸の水谷頴介《みずたにえいすけ》（1935〜93）事務所で都市の再開発計画や商業施設の調査に携わっていたことがあり、商行為や法的な規制についても知識が豊富であった。神戸元町の商店街を歩きながら、歩道面の床の仕上げ、煉瓦タイルの張り方や水勾配について話してくれたこともある。一方、心斎橋筋では「ある女性商店主が、『今日は人通りが多いな。一万円札が通り過ぎていくわ。捕まえなあかん』と言うてた。すごいやろ」などと言いながら、村野藤吾《とうご》（1891〜1984）による喫茶店の名作「プランタン」に入って、喫茶店におけるスキップ・フロワーの可能性、テーブルの寸法、キャッシャーの位置、トイレのデザインについて語ってくれた。1973年以降、彼は立て続けに商業施設を成功させていく。神戸北野町に建つ「ローズガーデン」はその代表作である。

## 「住吉の長屋」以後

そして1976年に「住吉の長屋」が誕生する。1970年代の安藤忠雄を語るには、「ローズガーデン」と「住吉の長屋」は外せない。この二つの建築を主題にして伊東豊雄（194

1～）と安藤忠雄の対談が行われた。

伊東豊雄は若手建築家のあこがれの的となった「中野本町の家」の設計者である。その作風は安藤とは対照的であり、日常的な意味の消去といわれる、軽妙洒脱でしかも知的な空間表現で一世を風靡していた。現在もなお、そのノンシャランな作風と人柄で国際的な知名度を得ている建築家である。当時はコーリン・ロウ（1920～99）の建築論集『マニエリスムと近代建築』の翻訳作業を行っており、建築批評についても高い見識を持っている人である。

近代における批評は印象批評を嫌い、作品を作者の人柄に帰着させる語りは御法度とされている。作者を語ることはタブー視され、通常は作品だけを語る。しかし安藤忠雄に限って言えば、論理や言葉の分析よりも彼のユニークな語り口に注目すべきである、という伊東の考えを明確にした上で、「建築文化」1977年10月号における二人の対談[3]は始まる。ここでは安藤の発言に焦点を当てて、彼の建築観の核となる部分を取り出してみよう。1973年の言葉と較べてみると1977年の言葉はかなり明確である。

**安藤**　僕なんかやはり、あの……、建築家というより野獣っていう感じやからね。（笑）

いきなり安藤のジャブだ。ストレートのように重い。特有の関西弁であり、一種のサービス精神から発せられた言葉だ。いわば安藤弁である。相手の期待に添いながら、懐に入ってストレートを打つ。次いで、生活を核とした視点から建築を語り始める。

**安藤** ……〔商店街の再開発では〕人間の生命力と密着した建築の表現に強く興味を引かれた。……生活がどろどろしているところで仕事がしたい。いい環境の表現に終始するような仕事はあまりやりたくない。……生活感が不在で、表現もない、ただ単に機能だけが生産される、そういうことはゴメンこうむりたい。

素晴らしいボディーブローだ。次いで右フック。

**安藤** ……僕は一般的建築教育のなかで建築をつくってきたのではないんです。僕の家の近くに、たまたま木工所があって、小学生のころから毎日のように学校にも行かず、朝から晩まで、そこに身を置いて職人さんと過ごしていた。……いまでも、ものを考えるとき、内も外も一体で考えて、手でこね合わせたように考えるという非常に職人的なんです。……材料を選んだり、使うときにも自分自身で認識できないものは絶対に使わないというように、手を非常に信じているところがあって、なかなか建築を観念的につくれないのです。

安藤の空間感覚は自分の身体感覚と不即不離の関係にあることを述べている。それはまた子供の頃の過ごし方に由来すると分析している。近年の作品では、メキシコの大学や上海のオペラハウスなどの海外の作品では特に、トポロジカルな空間が特徴的であるが、それは、建築図面にする以前、彼の手の中で生成された木型のような原型から出発しているのかもしれない。

**安藤**　たとえば、渡辺〔豊和〕さんなんかのようにコルビュジエとアアルトを重ね合わせることによって、その意味を変容してみようと、「史的建築物の意味の問い直し」のなかからイメージを問うていくような人もいますね。僕はそういう高度な知識の操作意識はありません。ときどき文学なんかでひとつの言葉だけが非常に重要ということが多いですね。……ストーリーがどう展開するかというのはあんまり興味がない。

伊東の「そうすると、建築の歴史みたいなものは直接には関心はないのですか。いま流行っているような意味での、たとえばパラディオにいくとか、ルネサンスにいくとか……」という問いには、「それは興味はありますが、これでいくという形ではないです」と答えた上で、次のように述べる。

**安藤**　……僕はウィトルウィウスなどの、もっと原理的なもののほうが、風がどこから吹くとか、水がどう流れるとか、そういうことのほうが好きですね。ルネサンスの建築がどうとか、パラディオがどうとか、シンケルがどうやったとか、そういうことよりもそっちのほうがおもしろいです。ただ単におもしろい、興味がある。

コルビュジエとアルヴァ・アアルト(1898〜1976)については説明不要だろうが、他の人名について補足すると、ウィトルーウィウス(BC80/70頃〜BC15以降)は現存最古の建築書を書いたローマ時代の建築家、パラディオ(1508〜80)はイタリアの、シンケル(1781〜1841)はドイツの建築家である。

右に引いた会話に続き、「安藤さんの建築には軸線を通してシンメトリーというのが多いですね」という伊東の指摘は、安藤さんの建築は古典主義的な空間なのですね、という確認の意味を持っている。したがって、「ローマ〔建築〕なんか好きではないですか?」という問いにつながる。

**安藤** ああ、そんな感じですね。パンテオンなど、ノコギリで切ったように……、前にやったことあるのです。真ん中から割った模型をつくって、断面から建築の意味やスケールを読みとろうとして。そういう趣味があります。ギリシャに行ったときにね、一方でパルテノンなんてすごいでしょ。幾何学的な非常に整合性の高い、はっきりした建築で、片方ではミコノスとかサントリニとかの民家みたいに土俗的なものがある。整合性の高い幾何学的なものより土着的なものは歩いてみて楽しい。そこで体験してきた人たちはストレートにこの種のものを自分の設計の論理のなかに組み込もうとするのですが、土着的なものは建築家が意図的になかなかできるものではないのです。

安藤の若い時の素直な語り口が残されている貴重な資料である。これは伊東の気取らない雰囲気によって引き出されたものだ。言葉と建築、小説のイメージと建築のイメージ、歴史的知識や知識操作に対する安藤の慎重な態度、建築素材である煉瓦、石、木に対する熱心な研究姿勢などは現在も一貫している。言い換えれば安藤忠雄は理論派ではない。実践派である。非常に誇り高い実践派であるが故に、身体性、実感、物質材料にこだわり続けている。おそらく労働と物質は嘘をつかないという信念があるのではないか。

安藤は、1970年代初頭、「都市ゲリラ住居」で頭角を現し、1970年代半ばには「住吉の長屋」で世界デビューを果たした。その後も、当時の志とハングリー精神で建築をつくり続けていく。いや、ハングリー精神という表現では言葉がきれいすぎるだろう。むしろ怒り、あるいは戦闘意欲といった方が適切かもしれない。言い換えれば、日本社会の近代化とそれに続く成熟過程に対する深い疑念と失望が彼の心の底にあるエネルギーの源なのだ。

そして闘いは続く。建築という領域では抽象と実体の闘い、すなわち「言葉と物」あるいは「コンクリートと哲学」といった闘いが安藤忠雄を待ちうけている。

安藤忠雄の名を世に知らしめた「住吉の長屋」(1976年)。コンクリート打ち放しの箱型の住宅で[上]、その細長い箱を三等分した中央部[下]が、渡り廊下のみで屋根のない中庭となっている点が論議を呼んだ。

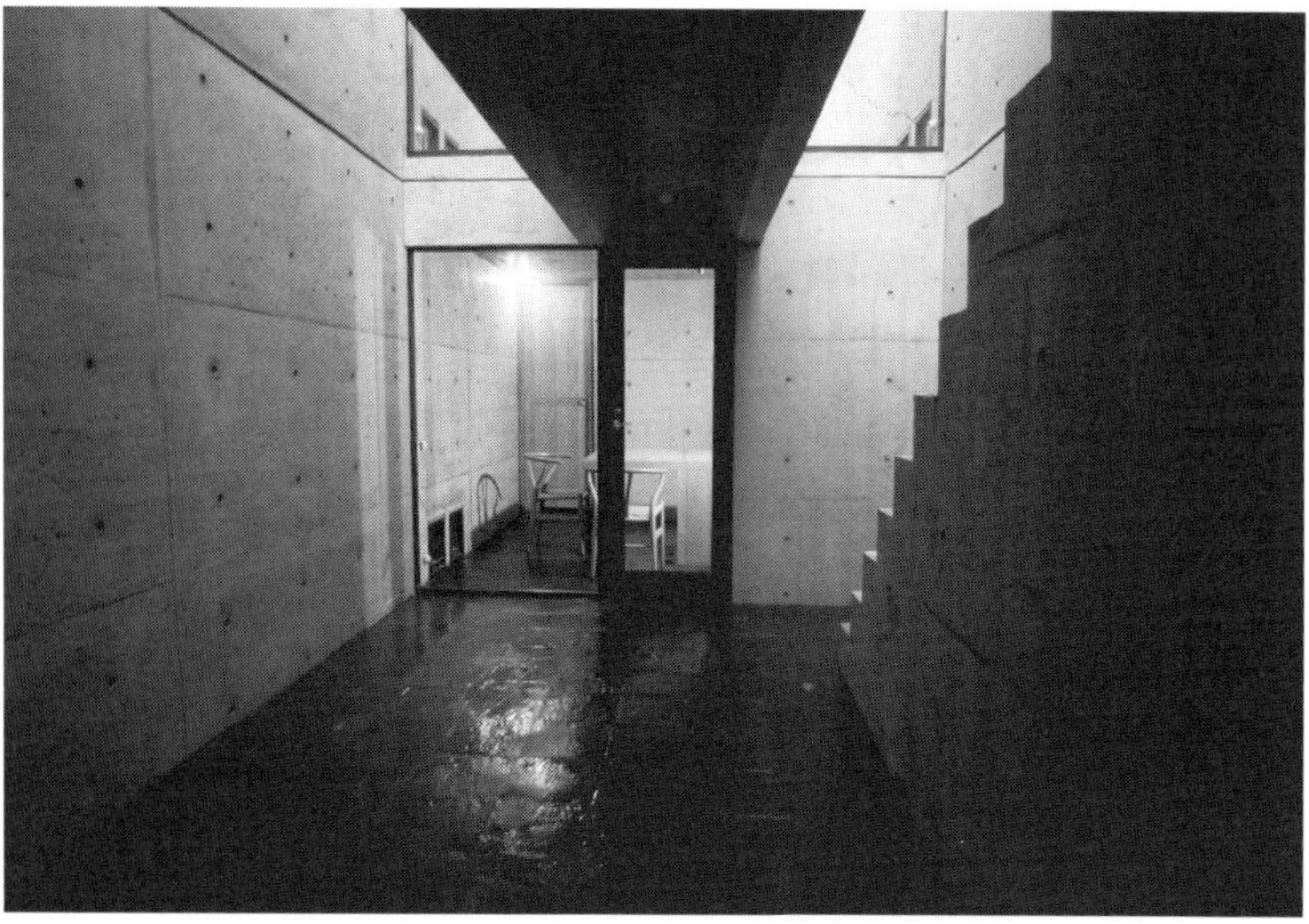

神戸北野町の商業建築「ローズガーデン」(1977年)は、異人館で知られる町の歴史的文脈を踏まえ、煉瓦の壁[上]や切り妻屋根のデザインといった住宅的テイストを採用。2棟の建物を回廊と階段で結ぶことで、ここでも中央部に「空間」を導入している。

# 03

# 肖像画の額縁

安藤忠雄の成長の糧が、祖母の教育とボクシングであったことは間違いない。彼の自主自立の精神は、祖母の厳しい躾と孤独で過酷なボクシングの体験によって形成され、人生の基盤となっている。しかしそれだけでは、建築家安藤忠雄は生まれない。彼が建築家になるための過程で重要なのは、木型職人との出会い、そしてパルテノン神殿への旅である。

構造主義四天王の一人、フロイト派の精神分析医であるジャック・ラカンの理論でいえば、少年の頃に憧れていた木型職人との付き合いは「鏡像段階」に相当する。そして青年期には、パルテノン神殿において「建築とは数学なり」という啓示を受けるが、これこそ秩序の世界である「象徴界」への参入という成長段階を意味している。[1] 建築家安藤忠雄が生まれるための、この二つの階梯から話を始めよう。

鏡像段階とは、生後18ヶ月くらいまでの幼児の成長段階を理論化したものである。赤ちゃんはまったく言葉がしゃべれないばかりか、歩くことも立つことも座ることさえままならない、泣き声を発する肉の塊に過ぎない。自分の身体を統一的にとらえることができない。しかし鏡に映った像をみて、その像は自分であることを認識し、身体が統一体であることに気付くという理論である。またこの鏡像とは他者のことでもある。たとえば、母親は幼児から見ると、自由に動き、自由に食べ、自由に何かを話す人である。母親は、幼児にとって、自分もそうありたい、そのようになりたい人である。幼児は自分の願望や理想を目の前の母に投影し、母のまねをすることによって理想の像に近づこうとする。幼児の理想像である母親は、幼児の心の内なる願望を映し出している鏡像なのである。

安藤の成長段階における鏡像とは、どのようなものであろうか。安藤少年は学校の勉強よりも野球が好きで喧嘩も強かったが、その本質は職人にあこがれる木型少年であった。幼児にとっての理想像が目の前の母親であったように、安藤少年にとっては毎日易々と精巧な木型をつくり出す職人こそあこがれの人であった。

安藤少年は、職人の動きをまね、手を通して木型を身体の感覚の中に刷り込んでいく。繰返し本人が語っているように、祖母の家の近くの木型屋での体験により、木型の立体感覚や空間感覚を、手の感触を通して自分の身体に取り込んでいったのである。彼は職人になりたくて、木型屋での修練を続けていたが、家族の反対もあり職人の道はあきらめることになった。だが安藤少年は、自分のつくりたいものに触れることによって、ものづくりの感覚を身体化したのである。そして職人の世界から離れた後も、彼の中には木型の感触が生き続けている。というよりも、安藤忠雄特有の空間把握の仕方や造形感覚、材料と精度といったものづくりの根幹に関わる基準は少年時代に身体へ刷り込まれていたのである。

だが安藤の成長がこの段階で留まっていれば、彼はよい仕事をする職人的デザイナーに過ぎなかったであろう。安藤が建築家になるには、グレート・アーキテクトを目指すためには、さらに階梯を登らなければならない。

## 数学の発見

彼は10代の終わり頃、商業関連の仕事や設計のアルバイトをしながら過ごしていたが、方向性のない生活から脱却するために、一大決心をしてヨーロッパに旅立つ。いくつもの国々を放浪しながら建築を見て回るうち、ギリシャにおいてパルテノン神殿との運命的な出会いを果たす。

安藤は実際にその場に立ってみたが、はじめはパルテノン神殿がなぜかくも有名なのかが判らなかった。神殿の前で、この建築のどこがすごいのかを考えたが、やっぱり答えが出てこない。彼はその本質を摑もうと、しばらくの滞在を覚悟する。

数日目の早朝、独り丘を登り、数人の観光客の佇む神殿をぼんやりと眺めていたとき、ようやく自分なりの答えが見つかった。「この場所を支配しているのは数学だ」。

数学とは即ち、建築に潜む人間の理性の力である。それが古代から近代のコルビュジエにまで連綿と続く西欧建築の本質であり、それこそが自身の生まれ育った日本の建築と西欧のそれとの決定的な差異なのだと(2)。


ラカンの理論では、想像界から象徴界への参入という場面がまさしくこれに該当する。想像界とは、視覚や聴覚などの感覚器を通して形成されるイメージの世界である。これは、自分のイメージと他者のイメージが、言葉という媒介なしで直接ぶつかり合う世界でもある。想像界は、芸術の世界に通じている一方、各人が欲望を押し付けあう無秩序な混沌とした世界でもある。言葉はこうした混乱した状態に秩序を与え、再秩序化する役割を担っている。

建築もまた、混沌とした空間に新しい秩序を構築する行為である。安藤も建築家として自立していくためには、イメージが相争う世界から、建築的な秩序の世界へと脱皮しなければならなかった。

イメージの世界から言葉の世界へと参入することによって、人は子供から大人になる。安藤が体験した少年時代の木型職人の世界は、決して言葉の世界ではない。目と手の感覚でものづ

古代ギリシャの代表的遺構「パルテノン神殿」
撮影＝野中昭夫

くりを覚える想像的な世界である。そもそも修業時代は自分の言葉を持つことが許されないし、一人前の口を利くこともできない。そこから飛躍して独立した建築家になるには、自分の言葉が話せるようにならなければならない。自分の言葉を発見しなければならないのだ。安藤は、パルテノン神殿の前で自分の言葉を発見する。それが数学であった。数学こそ西洋建築を貫く文法であり、理性的で論理的な建築の骨格を形成する鍵ではないかと直観したのである。

ところで安藤はアクロポリスの丘で、なぜギリシャの美を発見せずに数学を発見したのだろうか。

意外に思われるかもしれないが、安藤はあまり美の話はしない。どのような空間に感動したかを話すことはあっても、美しさについて直接語ることは少ない。私の記憶に残っているのは、「建築はある程度美しくなければ誤解されるね」という一言である。美というものに対する彼の立ち位置をよく表している。彼は耽美的な人ではないし、美の女神に仕える人でもない。美というものを絶対視していないのだ。

視覚的な、見目麗しいことが彼の表現主題ではない。彼は建築的な感動は、絵画や彫刻とは異なる表現から得られるはずだと考えている。右の言葉は、「自分の意図するところを誤解なく伝達するためには、やはり美が必要である」ことを学んだという意味である。安藤は、美にコンプレックスや劣等感を感じることのない人間である。彼がアクロポリスで発見したのは、古典の美というよりは論理の力、秩序の源泉としての数学というものであった。

ル・コルビュジエ「サヴォア邸」 1931年
撮影＝藤塚光政

日本の建築教育で重要なものは、芸術や美が第一で、数学が第二、文学が第三というのが通り相場であった。だが安藤は数学を第一にあげている。これは、彼が専門教育の影響を受けずに、独特の成長過程を経てきたことを示している。ただし、ここでいう数学は、工学技術や建築構造の計算のための数学ではない。理性的で論理的な秩序の学としての数学を発見したという意味である。

安藤はフランスにおいてコルビュジエの建築に触れ、あのキュビスム絵画のような近代建築の空間が消化しきれないままにギリシャへと向かい、アクロポリスの丘にやってきてしまった。そのとき彼の頭に、パルテノンとコルビュジエを結ぶ補助線は数学だと閃いたのだ。安藤の「数学とは即ち、建築に潜む人間の理性の力である」という言葉を逆に読めば、建築とは理性の力によって秩序化された空間である、ということになる。この理性とは、幾何学と翻案するのが妥当である。明晰な幾何学が支配する明るい空間という安藤建築の基礎は、こうした体験から生まれてきたものであろう。

1970年代から1980年代にかけて、「都市ゲリラ住居」「住吉の長屋」「小篠邸」「城戸崎邸」へと続く安藤忠雄の住宅作品の系譜をみれば、作品の進化過程と安藤自身の成長過程が感得される。作品においては、時間とともに、明晰な幾何学が巧みに用いられ、より建築らしい秩序感が観察され、同時に安藤の建築家人生にも、飛行機雲のような筋が感じられるようになっていく。

## 建築の核心へ

だが1970年当時の建築界の状況からみて、建築を信じ、建築を人生の希望の核心に据えていた建築家が何人いたであろうか。むしろインテリアデザインや商業デザインこそ造形表現の先端を行く領域であり、建築は時代遅れの領域のように見なしている人も多かったと思う。社会の変化を反映して、建築概念は拡張し、拡散していくだろうという漠然とした雰囲気に包まれていた。

そうした中、安藤忠雄は流れに逆らって建築の核心に突き進もうとしていた。大多数の者が建築から外に向かって飛び出そうとしていたときに、安藤は逆のベクトル、建築に向かって、建築の核を求めて求心的な動きをしていたのだ。それはなぜか？　本人も判らないことかもしれないが、やはり、遅れてきた建築家であるがゆえの判断、大学の建築学科出身者とは異なる、実体験からくる建築観に由来する行動であったと思う。では、一般的に言って、当時の日本における建築状況とはどのようなものであったのだろうか。


それを考えるためには、1960年代の状況に触れない訳にはいかない。1964年の東京オリンピックに続いて、1970年には大阪万国博覧会が開催され、国際的な祭典を通じて日本建築界がその成果を世界に発信してゆくことになる。また、1961年に丹下健三が発表した都市の大胆な構造改革案「東京計画1960」では、壮大な理念が見事に表現されており、都市と建築が整合性をもって機能するシステムとして視覚化されている。近代建築の理念の表象といえるだろう。

一方、1960年に東京で開催された世界デザイン会議では、モダニズムの見直しと、より多様な都市の形態が模索され、後の「メタボリズム」グループへとつながっていく。「メタボリズム」とは「新陳代謝」の意味で、その名前の通り、変化に対応する形態、自ら変身できるような都市、細胞の生と死のアナロジーとしての建築形態など、モダニズムではあまり研究されてこなかった有機的な形態の建築や都市の在り方を唱道した。その結果、建築の形態言語やデザインボキャブラリーは近代建築の範疇を逸脱して一気に増大する。

大きく見れば、1960年代は戦後日本のモダニズムの絶頂期と考えるのが普通である。モダニズムは戦前からの長い受容の歴史を経て、丹下が東京オリンピックのためにつくった代々木プール（国立代々木競技場）においてピークに達する。しかしオリンピック以降、モダニズムはメタボリズム等により変質を余儀なくされていく。同時に当のメタボリズムも、大阪万博において中途半端に消費されてしまった感はぬぐえない。

## 1970年という節目

その万博開催の年、「新建築」1月号で丹下健三と磯崎新《あらた》（1931〜）の対談が行われた。磯崎は1960年代後半から、世界各国の若手建築家との幅広い交友によって、先端的で実験的な建築動向に最もよく通じていた。若い世代は、磯崎をナビゲーターとして時代が回り始めたと感じていた。

直接の師弟関係にあたる両者の発言は、今にして想えば1970年代の動向とそれに続く1980年代のポストモダンの到来を正確に予言する内容となっている。

**磯崎**　15世紀にルネッサンスがあって、……バロックに移る過程に、表向きから見るとまったくルネッサンスと変わらないんだけれども、ルネッサンスのように論理化されたものだけではない、もっとふしぎな流れ方だとかふしぎな組み合わせ方とかいうものがにじみ出てくるマニエリスムといわれている時代が、ほんのちょっとですけどあったんですね。ちょうどルネッサンスがもっていたひとつの論理が新しい様式としてつくりあげられて、それが完全に理解し尽くされたときに、それを何かの方向に変えて行こうという動きがマニエリスムだったと思うんですが、空間自体が言葉であるという問題とか、空間をパーソナルなものにして行くというようなことは、そうしたマニエリスム的な思考とつながっているんではないでしょうか。

**丹下**　そういう理解の仕方もありそうですね。私はそこをこう考えるんです。建築の歴史の中で考えると、古典とかルネッサンスというのはやや合理的なものの考え方で、実体的に存在している空間は、それぞれある機能を果たしているという形でつかめるような空間体系をもっている。そういうものに対して、ゴシックの建築を考えると、空間というのは意味あるいはメタフィジカルな表現でしか理解できなくて、ファンクションとしては理解できない。そうしたものが歴史的に交互に出てきている[3]。

明治期において建築を学として組み立てていくためには、日本建築史、西洋建築史といった建築史学が重要であったが、普遍的理念から建築を導き出そうとする近代建築の隆盛にともなって、建築に関する言説は歴史から批評へと転換していった。だが1970年以降、近代建築批判の高まりの中で、再び歴史的言説が力を盛り返してゆく。そんな流れの先陣を切って、1970年という節目の年に、時代の変換を予感する二人の巨匠が、構造変換を整理するための歴史的モデルをそれぞれに提示したわけである。磯崎の「ルネサンス、マニエリスム、バロック」という三幅対に、丹下は「古典、ゴシック、ルネサンス（古典復興）」というマクロな三幅対を対比させている。こうした大きな歴史認識こそ、丹下・磯崎の対談にふさわしい。同時代に当てはめると、60年代ルネサンス、70年代マニエリスム、80年代バロックということになろうか。現実的には、60年代モダニズム、80年代ポストモダニズムと進行するが、では70年代は何と名付けるべきだろうか？　やはりマニエリスムが適当かもしれない。この磯崎のマニエリスムの考え方が、80年代におけるポストモダニズムを呼び込む契機となったのである。

　磯崎は、1969年から1973年にかけて、雑誌「美術手帖」に「建築の解体」という論考を連載した[4]。「建築の解体」とは近代建築の解体を意味している。近代建築は、1920年代に建築界に革命を起こし、それまでの歴史様式の建築を否定して誕生してきた建築である。近代建築は歴史様式から離脱することによって自由な表現を獲得し、社会的理念を実体化する普遍的な建築とされており、歴史様式に立脚した形態や建築を否定したのである。

その近代建築を解体してしまうと建築はよりどころをなくして拡散し、表現の意味や理念を喪失することになる。要するに何でもありの混乱状況になってしまう。建築の解体は、近代建築批判をさまざまな立場から試みようとする建築家の試行実験の場を生み出した。磯崎はそうした状況を、「マニエリスム」と呼んだのである。時代の気分をすくい上げる巧妙な命名である。本来マニエリスムは、盛期ルネサンスとバロックの中間期にあって、「マニエラ」つまり手法が主役の表現であるため、特定の表現様式をもたない時代の呼称である。既存の様式に精通した人が様式の文法を意図的に脱臼させるような手法や技法を競う表現である。時代に固有の特徴的な形態を持たないのであるが、ある種の気分は共有している。結果的には時代を代理表象する正統的な表現を逸脱した奇妙な建築ができあがるが、そこには知的でシニカルな雰囲気が漂っている。建築の解体は正統派近代建築への反逆であり、百花繚乱のポストモダン状況を招来することになる。

モダニズムからポストモダニズムへの転換は、意匠の取り替えのように行われたわけではない。またポストモダニズムがモダニズムを駆逐したから、1970年を境にポストモダニズムの時代になったという解釈も単純すぎる。モダニズムがいつ始まりいつ終わるのかという問題は、ポストモダニズムがいつ始まるのかという問題と関連しているが、40年以上たった今日、ポストモダニズムの勢いは沈静化しており、大きくみれば結局のところ、我々はまだモダニズムの中にいるのではなかろうか。

## モダニズム、ポストモダニズムとの距離

先の丹下と磯崎との対話は40年以上も前のものであるが、当時の建築界の状況では、その時代の大きな物語を語ることができる人は限られており、建築界を代表する研究者や歴史家だけが建築動向に関する発言者であった。この対談が興味深いのは、研究者や歴史家ではなく、丹下と磯崎という日本を代表する建築家が、自分たちの身をおく時代の変換点を語り合っている点である。当時の安藤は、大きな主題を語るだけの立場にはなかったし、発言の機会を与えられることもなかった。自分なりに大きな時代の変換をどのように捉え、自分のこれからの立ち位置や建築作品をどの方向に位置づけるかを必死で模索していた時期である。

安藤は当時、建築の方向性を一般的に論評する余裕もなかった。１９８０年代への流れを踏まえ、当時の考えや思いを整理するためには、時間が必要であった。30年後になってようやく、安藤は当時を振り返って、自分の建築とモダニズムの距離、ポストモダニズムと自分の建築の距離を、自らの言葉で次のように語っている。

現実に近代建築の名作の数々を訪ね歩いてみると、近代建築主義としての共通点よりも、

個々の建築の差異点の方が強く印象に残った。……「これほど多様な広がりをもつモダニズムとは一体何なのか、その答えを現代建築は果たして示し得たといえるのか」。旅を経て、建築への問いかけは一層深まってしまった。

当時、日本の同世代の建築家の多くは、いかにしてモダニズムを超克するかというテーマで、それぞれに独自の展開を試みようとしていた。いまだモダニズムの問題を整理しきれていなかった私は、彼らの活躍を横目に、モダニズムをもう一度原点から問い直し、その可能性を見つめ直すことを自身の建築の目標に据えた。このスタート地点におけるモダニズムとの距離の測り方の違いが、それぞれのその後の建築活動のありようを決定づけることになったのだと思う(5)。

70年代当時は、歴史的に見ればモダニズムの教条主義への反発から、それを乗り越えるべくポストモダンムーブメントが世界を席巻し始めたときである。周囲は私の書いた論文と掲載された写真の攻撃的なイメージとを重ねて、既成の社会、既成の建築概念に対する建築家の強固な意思表明として受け取り、私はモダニズムへ異議を唱える1人に数えられるようになった。

正直、私自身はいわゆるポストモダンムーブメントにはまったく興味はなかった。むしろ言葉ばかりが先行する風潮にある種の嫌悪感を抱いていた。しかし、ゲリラを名乗ったのは、モダニズムという建築主義に抗うためではなかった。私が挑みたかったのは、モダニズムの透明な論理で御しきれない矛盾に満ちた現実の都市であり、つくりたかったのは剝き出しの生命力に満ちた不条理の空間だった。今思えば、建築というよりも彫刻をつくっているような感覚だった気がする。その都市ゲリラ住居の延長線上でつくったのが、1976年の住吉の長屋だった。(6)

過ぎゆくモダニズムとやってくるポストモダニズムがぶつかり合う時代にあって、安藤が両者に対してどのような立場をとろうとしたのかが、自分の言葉で素直に表明されている。ここではモダニズムとの関係を肯定的に捉え、ポストモダニズムとの関係を否定的に捉えていることが明らかにされている。だが客観的にみて、安藤の建築活動とモダニズムはどの程度類似性があるのだろうか。そもそも正統派モダニズムとは、どのようなものであろうか。近代建築史の専門家石田潤一郎(1952〜)の意見を聞いてみよう。

「モダニズム建築」という言葉は、人によって思い描くイメージにかなりの幅があると思われます。……オフィシャルな答えとしてDOCOMOMO Japanが1999年におこなった定義を紹介しましょう。

それは「合理主義に立脚し、線や面、ヴォリュームという抽象的な要素の構成による美学をよしとする、社会改革志向に裏打ちされた建築運動」——というものです。[7]

石田によれば、これは「実に行き届いた定義といえます。……『合理主義』という理念的側面、『抽象の美学』という意匠的側面、『社会改革志向』という政治的側面というモダニズム建築の多面体的構造をきっちり押さえているからです」とのこと。

つまり、この定義に従えば、コルビュジエとバウハウスの間には違いがあるにも拘わらず、ともにモダニズム建築であるという答えを導くことができるというわけだ。

安藤の建築活動とこの定義を比較してみると、実によく当てはまる。第一に合理主義については、安藤の建築観、そして人生観も、まさしく合理主義に立脚している。もちろん、彼の合理主義は、大阪人の経済合理主義という狭い範疇の合理主義ではなく、人間のための建築、つまりヒューマニズムの建築という意味における合理主義である。

第二の意匠的側面については、安藤の建築は、ユークリッド幾何学を建築化した空間といってよい。まさしく抽象の美学と呼ぶにふさわしい。

第三に社会改革に対する志向性に関しては、安藤ほど強い思いを抱いている人は珍しい。デビュー当時から一貫して庶民の住宅にこだわり、建築を通じて社会を変えて行くことを夢見ている。それを理念にまで高めようとして長年考えていたが、近代建築史家のケネス・フランプトン（1930〜）の助言もあり、個人とコミュニティと都市との関係を「クリティカル・リージョナリズム」という活動理念に集約し、建築活動の基本としている（この点については第七章で詳述）。実践的な社会活動も活発に行っており、オリーブ基金をはじめとする植樹活動や震災被災者の教育支援活動を主導している。

## 古典建築の香り

では、安藤の建築がモダニズムの規範に収まりきるかというと、そうではない。もう一つ、他の建築家には見られない安藤固有の傾向が潜んでいるからである。それは、アクロポリスの啓示に端を発する古典建築との関係である。

しかし、安藤建築と古典建築は外見的には全く似ていない。この点は強調しておかなければならない。にもかかわらず、他の建築家に比して、安藤自身、古典建築との親近性を感じているところがある。外見というよりも、空間を統括する文法や建築理念といったレベルにおいて、彼は古典の香りに魅力を感じている。これは、昨今規範を見失った建築界に対する安藤の正直な反応だと思う。

英国の建築史家ジョン・サマーソン（１９０４〜９２）は『古典主義建築の系譜』の中で、古典主義建築の目的とそれを達成するための方法を述べている。

サマーソンによれば、「古典主義建築の目的は、常に各部の調和をはっきり証明できる形で作り上げようとするもの(8)」であり、視覚的にはっきりと証明できる調和の原器はオーダーである。

古典主義建築とは、オーダー、つまり円柱を基準とした秩序の体系である。そしてオーダーとは、基準となる円柱の半径と高さの比率を定め、その比率を比例関係によって建物全体に及ぼしていくシステムのことである。比例関係つまりプロポーションを用いて、部分と部分、部分と全体の調和が誰の目にも判るようにすること。この視覚的な統一体が古典建築なのである。

一方、安藤は、柱ではなく壁を基準として、オーダーに相当する建築システムを創り出した。一枚の壁が、あたかも抽象絵画の画面のように、自立した表現力を発揮できるようにデザインされている。

ところでサマーソンは古典主義と合理主義の関係について、「物事を合理的に運ぼうとすること」こそ、「古典主義の、最後の、だが少なからぬ遺産」であり、合理主義によって「創意は制御され、そして同時に刺戟される」と述べている。(9) これは古典主義建築と近代建築との表面的な類似性だけでなく、建築する精神において、近代建築は古典建築の子孫であることを示唆する言葉である。近代建築は歴史からの決別によって生まれたという立場からすれば、きわめて大胆な指摘であるが、近代建築の旗手であったコルビュジエにとっても、「調和をはっきり証明することは、常に極めて重要な事柄(10)」であり、そのために彼は強力なシステムを創出して立面を構成したという。

「モデュロール」と呼ばれる、寸法体系と黄金分割を組み合わせた方法のことだ。コルビュジエはこれを用いて、部分と全体を調和ある体系に構成するだけでなく、視覚的にも明確に把握できる設計法をつくり出している。

このようにサマーソンは、パルテノン神殿から古典という望遠鏡を通してコルビュジエを見ている。一方の安藤は、近代の旗手であるコルビュジエを理解しようとしてパルテノン神殿を見上げている。方向は逆だが、二人の視線は近代と古典の双方をつなぐものだ。

2000年という長い歴史を見通せる望遠鏡としての古典主義建築とは、ヨーロッパ文化においてどのような意味を持っているのだろうか。

サマーソンによれば、古典主義建築はローマへのオマージュ、ローマという神話の上に成立する建築である。ラテン語とローマの建築は、西欧文明の基盤をなすものであり、ルネサンス以降も常に深い尊敬の念を集めてきた。西欧人は「心のうちに理想の過去、遥かな昔の『黄金時代』という根深い幻想を抱いている。そしてギリシアとローマ、なかでもとりわけローマがこの幻想に実体を与える」(11)。ローマという古き過去は美しいという根拠なき賛美に基づいて、古典主義建築はつくられ続けてきたし、多くの西洋建築の霊感の源となったのである。

サマーソンの文章から感得される高踏的な香りは、虚構としての古典主義建築の香りである。モダニズムが失ってしまった世界からやってくる香りであり、ローマ文化に捧げる文化としての建築のもつ香りである。

肖像画は背景と額縁によって人物の見え方も変わってくるものだが、では、安藤忠雄の肖像画に相応しい背景と額縁とはどんなものだろう。

それをこの章で言及してきた建築に求めるなら、ポストモダンやマニエリスムは、本人が拒否するであろう。ゴシックやバロックも似合わない。やはり、安藤には、モダニズム建築と古典建築という二つが似合うだろう。

まず、安藤の肖像の背景には、モダニズム建築を描くべきである。そして、額は古典建築でつくることになるだろう。背景画のモダニズム建築は「近代の大義に帰れ！」という安藤からの呼びかけであり、額は「遥か昔の、霊感の源であった建築を忘れるべからず」という古典建築の教えである。誇り高き建築家であろうと努力してきた安藤の気持ちと、何でもありになってしまった昨今の状況に対する祈願の額縁となるはずだ。

安藤自身は相変わらずエネルギッシュに活動しており、モダニストの枠を遥かに越えている。どんな額縁を考えても、額縁に納まる人ではないともいえるのだが。

芦屋市奥池の豊かな自然の中に建つ「小篠邸」(1981年)は、ファッション・デザイナー、コシノヒロコのための住宅。2棟のコンクリートの箱を敷地の斜面に一部埋め込んだかたちで、その横の円弧をモティーフとした部分は、竣工から3年後に増築したアトリエ。内部では「光」という新たなテーマにいどんだ。
撮影＝新建築社写真部[上]

# 04

# 旅の教えと大学教育

日本建築史上、有名な旅の一つに伊東忠太《ちゅうた》（１８６７～１９５４）のユーラシア大陸横断がある。伊東忠太は１９０２年（明治35）から３年間、日本建築の源流を求めて壮大な旅を敢行し、自らの体験を通して日本建築と西欧建築の架橋を試みたのである。建築史家の鈴木博之（１９４５～２０１４）は、伊東の旅の日本建築史における意味と影響について次のように述べている。

伊東忠太は世界地理的視野のなかで日本建築を定位してみせた。それによって日本建築は西洋建築との位置関係を定めることができるようになった。伊東はこの当時の建築史の潮流であった地理的建築観を、日本に応用したいと考えたらしい(1)。

世界地図の上で建築史を示そうとする方法は、当時の英国の潮流であり、それは現在にまで受け継がれている。伊東忠太は、日本からアジアを経てヨーロッパに至る地理的建築史の広がりを、身を以って調べた。これによって日本の建築は、西洋建築と隔絶したものではなく、地理的につながりをもつものであることが実感されるようになった。

## 「君は地平線を見たか？」

安藤忠雄もまた、建築家を志すに当たって、奈良や京都の社寺を見聞した後、シベリア鉄道でヨーロッパへの大旅行に出かけている。しかしそれは学術研究のためではなく、自己鍛錬の旅であった。若き日の安藤にとって、旅は何かのためにするものではなく、人生修行の場であり、旅そのものが目的であるような旅であった。

安藤は著書『安藤忠雄の都市彷徨』で、「旅は人間をつくる」、「旅はまた、建築家をつくる」、「そんな旅のなかで、僕は建築家になった」と記し、自らの旅について次のように述べている。

緊張と不安のなかで見知らぬ土地をひとりさ迷い、孤独に苛まれ、戸惑い、途方に暮れ、しかしそこに活路を見いだし、なんとか切り抜けながら旅を続けてきた。(2)

安藤にとっての旅は彷徨することなのだ。彼にとっての旅は、建築の感動を目から身体に染み込ませ、ひたすら歩き続けることによって、それを消化し血肉化するための運動を意味している。

1965年、24歳の安藤は横浜港からナホトカを経由してシベリア鉄道でモスクワに入り、そこからフィンランドに向かっている。ヨーロッパ諸都市を巡り、マルセイユから船で喜望峰を回ってインドに上陸する。

「君は地平線を見たか?」と彼は問う。地平線は見るものではなく体験するものだと彼は言う。雪の中を何日もかけてシベリア鉄道で旅をしていると、ユーラシア大陸に直接触れたような感覚が彼の記憶に焼き付けられていく。

さらに彼は問う、「君は水平線を見たか?」と。インド洋上で来る日も来る日も甲板から水平線を見ていた自分を反芻しているのだ。建築修業の旅というよりも一種の禅の修行を思わせる。同船していた僧侶とともに実際に甲板上で繰り返し水平線に向かって座禅を組むこともあったという。

旅において出会ったいくつかの建築についても話を聞いた。特にフィンランドの質素で清潔な建築と心洗われる空間体験について、繰り返し話してくれた。

たとえばヘイッキ・シレン(1918〜2013)とカイヤ・シレン(1920〜2001)夫妻の簡素なチャペル。外部に立つ十字架の精神性や、そこから受けた感動について幾度も話してくれた。あるいはアアルトの「ラウタ・タロ」で飲んだコーヒーの思い出。白いホールの吹き抜け空間におかれたコーヒーテーブルの位置について熱心に語ってくれた。我々は後年、実際にその吹き抜け空間に坐って、コーヒーを飲みながら彼の話の追体験をした。また安藤はエルミタージュ美術館の印象派コレクションについても話してくれた。彼は、前衛的な美術を志向する具体美術協会の作家たちと近い関係にあったので、前衛的で実験的な作品に興味があるのかと思っていたのだが、実は印象派の作品を高く評価している。高踏的な前衛芸術よりも印象派の絵画が性に合うのだろう。後にいくつかの美術館を設計することになるが、直島の地中美術館にはモネの「睡蓮」を飾る特別室を設けている。そう言えば、神戸を代表する洋画家で、多くの自画像を残した鴨居《かもい》玲《れい》（1928〜85）について次のような話をしてくれた。鴨居は何ヶ月もアトリエを留守にしても、旅から帰ると直ちにキャンバスに向かい、中断したのが今朝のことのように色合わせをしていく。完全に色の配合を覚えていたというのだ。安藤にとっては、こうした具体的でプロフェッショナルな能力こそが関心事なのである。

ヘイッキ&カイヤ・シレン「オタニエミ・チャペル」
1957年（78年再建）　筆者撮影

　フィンランドの簡素で心にしみるモダニズムの空間は

自分の体質に合っているが、やさしく清潔な建築は危険な誘惑であり、未熟であっても激しい建築を目指さなければならないと、安藤は自分に言い聞かせている。殻を破り成長し続けるために、自分の好きなものだけでなく、激しいもの、危険なもの、自分の理解の及ばないものも知っておく必要があると考えている。海外に出かけるのはそのためだ。

たとえばインドでは、ガンジス川の沐浴、アジャンタやエローラの石窟寺院など、想像を超える人々の生き様や人間業とは思えない構築物に感銘を受けている。こうした苦労の旅、危険な旅から、生きていく上での大切なことを学んでいる。

安藤と旅に出かけたときのことである。ロンドンの街角でホテルに電話しようとしたら、彼がホテルの電話番号を諳んじていて、大変驚かされた。実践的であるということは、世界中どこにいたとしても、身一つで生きていける能力を意味するのだと教えられた気がする。ウィーンの店でアウロラのボールペンを買って二人でホテルに帰る途中、私のパスポートがないことに気が付いた。その瞬間彼は踵を返して今買い物をした店に向かって走り出していた。幸い事なきを得たが、そのとき安藤が、「大事なのは、命、次にパスポート。観光客はカメラを大事にするが、それは逆だ。撮影済みのフィルムこそ大事であり、カメラは二の次、三の次だ」と言ったのを覚えている。

## 日本の建築教育

安藤の人生にとって、旅は何よりの学校だったが、大学教育は旅と同じような効用をもたらすことができるのであろうか。安藤は大学教育を受けていない。しかし彼の建築に関する学識が必要かつ十分、それ以上のものであることは、東京大学という公的機関が認定した事実である。安藤は東京大学で建築学科の教授を務め、さらにハーバード大学はじめ海外の有名大学でも教えてきた。その講義は世界のどこでも大変人気があり、いつも人であふれている。実際、台北では市の体育館に全国から観光バスで人が集まってきて、会場はロックシンガーのステージのようであった。

安藤がスター教授として東京大学に勤務することになったとき、「東大ではセンター入試の監督とかもやるのですか」と尋ねてみた。安藤に似つかわしくない仕事のように思えたからだ。「勿論やるよ。それほど難しい仕事ではないでしょう。それより大学では会議時間が長いので閉口するね」という返事だった。

そもそも安藤が大学というものに興味を持つようになったきっかけは、若いころ大阪府建築士会の「ひろば」という雑誌の編集会議で、同世代の大学教員と同席したことにあるらしい。例えば大阪大学の笹田剛史《つよし》（1941〜2005）や奈良女子大学の高口恭行（1940〜）は、助手の頃は京都大学におられたので、私自身も学生時代に教えてもらった先生方である。

安藤が彼らから最も刺激を受けたのは、言葉の問題であった。安藤にとっての最大の驚きは、彼らの話す日本語が自らの大阪弁とは全く違うという事実である。笹田は、「東の山田（学）、西の笹田」と称された、日本で一、二を競うコンピューター・グラフィックスの先鋭的研究者。高口は、建築家であるとともに関西有数の名刹、一心寺の住職である。彼らの言葉は抽象的かつ知的でハイブローな日本語であり、自分が日常的に話している建築言葉とは、かけ離れていることにショックを受けたというのだ。さらに言えば、抽象的な言葉を獲得することが、これから世界に打って出るためには――安藤流の言い方だと遠くまで行くためには――どうしても必要ではないかと考えるようになったのである。そして、それまで以上に本を読み、同時に大学の先生方との直接的な付き合いも心がけるようになる。

次第に安藤の気持ちの中に、大学というものが意識されていった。しかし彼は自分が育ってきた世界、実務的で職人的で身体的なものづくりの世界を決して捨てなかった。むしろ自分を育ててくれた故郷としての職人の世界を大切にするようになる。彼は、大学の世界と職人の世界のいずれか一方を選択するのではなく、この二つの世界をともに自分の人生の中に位置づけていくのである。そのことが彼の建築作品に良き効果、良き効用をもたらしたのではなかろうか。

彼が「ゲリラ住居」と呼んでいた初期の住宅作品は、強いメッセージ性を有していたが、あのままで世界的に認知されたとは思えない。あまりにも個人の思い入れが強く、広がりに欠けるがゆえに賞味期限の短いプロジェクトになっていたであろう。彼は、その後「住吉の長屋」によって世界へと羽ばたくことになる。デビュー当時の暗くて重い住宅に翼をあたえたのは、知的な明るさという大学的価値と同時に、コンクリートという素材の美しさを実現した職人技である。こうして世界に羽ばたくための要件としての普遍的な空間が実現したのである。

安藤は職人のものづくりの世界を決して見下したことはない。また大学の世界を見上げることもなかった。しかし、安藤にとっての大学とは、教授として教える立場から見たものであり、学生という教えられる立場から体験したものではない。

では、大学での建築教育とはどのようなものであろうか。教えられることの多くは、実務に直接役立つ事柄というよりも、むしろ直接には役立たない事柄であろう。ある意味では無駄に深遠で無用に高度な内容が大量に含まれている。言い換えると、これは大変に贅沢なことである。そして知的な贅沢こそ学生にとって最も重要な栄養源なのである。学識は、見えないほど深く、怖いほど高いからこそ人を引き付けるのだ。安藤が大学教育における無用の用を容認しているのも、実務的知見だけでは長い人生を生き抜けないことを知っているからだ。

ここで、私の個人的体験に即して、記憶に残っている大学教育を拾い出してみよう。

1960年代後半、京都大学の建築学科には西山夘三《うぞう》（1911〜94）教授はじめ錚々たる先生方がおられた。建築意匠は増田友也（1914～81）教授である。その講義内容は完全に忘れたが、試験問題だけは鮮明に覚えている。「法隆寺の五重の塔の軒先に風鈴があったと想定せよ。その風鈴はどのような音を発するか？　答えよ」というものである。

この問題は難問であると同時に奇問であり、建築学の領域を超えている、というよりも逸脱していると言っていい。そのディレッタント性に反発を覚えたが、今も記憶に残っているのはその場で即答できなかった悔しさからか（いまだに正解は見いだせていない）、あるいはむしろ極めて京都大学的なるものを感じたからか。答えは後者かもしれない。おそらく他大学では決してこのような問題は出ないだろう。増田教授は今出川通りの喫茶店、進々堂で大学院の輪講をやっておられたので、「進々堂学派」と呼ばれていた。輪講のテキストは道元である。我々凡庸な学生から見ると、建築学科の教育というよりも、文学部イメージ学科の教育という印象だった。増田研究室の雰囲気はアトリエ的で、夜は祇園町に最も近い研究室でもあった。

これと対照的なのが早稲田大学の設計課題である。大学紛争も終わりを告げ、授業が再開された1970年頃に早稲田大学の製図室を訪れたが、そのときの設計課題は、吉阪隆正（1917～80）教授の、「沖縄の基地が返還された場合の跡地利用を提案せよ」というものであった。これも大変印象に残っている。時宜を得たメッセージ性の強い課題であり、建築と社会の関係、建築に何が可能か、を学生に問いかけている。当時の社会状況から見て、社会の変化と建築の普遍性について考えさせる早稲田大学らしい課題だ。建築における設計課題は、建築を通じて様々なことを問う公案のようなものである。京都大学の森田慶一（1895〜1983）教授は試験のときには講義室にさっと現れて、「自問自答せよ」と黒板に書いてさっと出て行かれる。まさしく禅の公案なのだ。

東京大学大学院での教育は、講義という点に限っていえば、丹下健三教授の最終講義が印象に残っている。第三章で触れたように戦後日本を代表する建築家であるが、最終講義ではあまり建築の話はされずに、戦後自分がかかわった都市計画の話をされた。建築の話を期待していたので、かえって記憶に残っている。

経済安定本部の求めで地域計画のレポートをまとめられた話、戦災復興院による復興都市計画にかかわった話、経済学のウォルト・ロストウ（1916〜2003）による段階的成長論の話。続いて微分方程式による成長モデルを板書されかけたが、直ちにそれを消して、過去の話よりは君たちの将来に役だつ話をしよう、といって次の話題に移られた。

おそらく君たちが将来、外国で受賞するということもあるだろう。そのときの注意を話しておきたい。自分はアメリカでの授賞式には船で出かけたが、昼食と晩餐はフォーマルなものであった。だから晩餐は黒のディナージャケットを、昼食用には白のタキシードを用意した方がよい。この情報はきっと役に立つと思う。という話であった。自身も写真のイメージ通り、普段でも蝶ネクタイをされることが多かった。

日本の建築教育を振り返ってみると、村松貞次郎《ていじろう》（1924～97）の『日本建築家山脈』に記されているように、明治・大正期の建築教育においては、東京大学におけるジョサイア・コンドル（1852～1920）・辰野金吾（1854～1919）、東京工大の滋賀重列《しげつら》（1866～1936）・前田松韻（1880～1944）、東京芸大の大澤三之助（1867～1945）・岡田信一郎（1883～1932）、京都工芸繊維大学の武田五一（1872～1938）、名古屋工大の鈴木禎次（1870～1941）、神戸大学の古宇田実《こうだみのる》（1879～1965）、横浜国大の中村順平（1887～1977）、大連南満工専の岡大路（?～1962）らが目立った存在であった。(3)

このうちの一人、中村順平は、横浜国大の前身、横浜高等工業学校の生徒募集用パンフレット「建築学科（本科）に入学を志望する青年諸君への注意」を執筆している。大正末期から昭和にかけて、全国の中学校などに何万枚も配られたといわれるもので、その一部が『日本建築家山脈』に紹介されている。(4)

「ものに比例の美がある。しかしこれには一定の規則がない。それぞれに応じて芸術的なる動機によって創作解決しなければならぬことが多い」。さらに、「建築家とは芸術的なる素養によって比例の美を創生し此等を組合せて種々の建物やその内外の装飾や、庭園並びに都市やを創造すべき天職を有する芸術家である」と述べているが、中村の本意は、建築家は科学のみでものを設計する土木技術家や構造専門家とは立場や職能を異にするという点にあり、建築家と技術者を混同したり職能を誤解しては、日本の建築芸術や文化を低下させる恐れがあると、強く訴えているのだ。

建築を志す者は、第一に、できるだけ絵を描くことにすぐれていなければならない、と中村は記す。実際パリのエコール・デ・ボザールにおいては、写生画にすぐれた建築学生こそすぐれた建築家、デザイナーになっている。第二に、数学が優れていることが望ましい。だがこれは二義的なものに過ぎないのであって、建築家に最も必要な想像力や芸術的才能は、数学の力によって発芽するものではない。第三に、文学によって自己の思想感情を啓発し、創作上の原動力としてほしい。

これが中村順平のメッセージである。中村は建築を芸術としてとらえ、第一に写生能力、次いで数学力を挙げているのである。

建築における美的探究は人文科学との親和性が高いのだが、社会科学との親和性はほとんどないといってよい。建築美と社会科学とは相性が悪く、両者に習熟するのは至難の業である。両方のセンスを併せ持ち、美と社会性を融合できる建築家は稀である。社会的テーマを建築に投影し、骨太の建築美を実践しうる建築家は丹下健三以降、絶えて久しい。

そんななか、安藤忠雄という建築家は社会的テーマを建築として実体化する能力に優れている。彼は、社会活動や景観保全、緑化計画などを地道に実行しているのみならず、建築作品にはなりにくい再開発計画、商業開発、住宅開発にも熱心に取り組んできた。若い頃から社会に対する興味と関心が強く、いまも改善の意欲は盛んである。私がそのことを実感したのは、安藤と旅に出かけたときである。

## ニュータウンから再開発へ

1978年、1979年と続けて安藤とヨーロッパに出かけた。1970年代の旅は安藤の第二成長期に対応しており、自分の住宅作品を世界の建築の動向と比較しながら、社会的な位置を見定めようとするものであった。安藤の旅は1960年代の自己を鍛える旅、1970年代の個人体験を社会化する旅、1980年代以降の海外進出の旅という風に、少しずつ目的が変化してきている。発見の旅、自己確認の旅を経て、海外展開の旅へと飛躍していく。

安藤はニュータウンにはめっぽう詳しい。どこで勉強したのかは知らないが、集合住宅や再開発にも高い関心を持っていた。我々はまず、ロンドン近郊のニュータウン、テームズミードとミルトン・キーンズに出かけた。当時すでに、英国ではニュータウン政策が転換期を迎えており、ミルトン・キーンズを最後にニュータウンは終焉を迎えるという噂であった。英国のニュータウンについては、戦前のウェルウィン・ガーデンシティ、戦後のハーロウ・ニュータウンやスティブネッジ・ニュータウンなどの近隣住区理論に基づくニュータウンを年代別に見て回った。

しかしニュータウン先進国の現状には正直がっかりした。活気がないし、オープンスペースのデザインにも魅力がない。安藤も、「これに比べたら千里ニュータウンは立派なものだ。富安さんが頑張ったから作品になってきたよ」と言ったのを覚えている。富安秀雄（1928〜）は都市計画の専門家である。

教科書だけでは判らない、自分の目で見て実感すべしというのが旅の教訓であった。近隣住区理論であれ、当時「マークスリー」と呼ばれていた第三世代のニュータウンであれ、理念の図解だけでは空間は貧しいままである。近代建築はヒューマニズムを掲げながら、できてきた空間には人間味というか、体温が感じられないのだ。社会批判を建築的な魅力に変換することは本当に難しい。

開発の流れは、郊外のニュータウンから都心部の再開発へと回帰しつつあった。ロンドンのコベント・ガーデンでは長年懸案であった再開発が完成し、大変な賑わいを見せていた。昔の青果市場の雰囲気を復活させるために、旧い煉瓦の壁や石の歩道と鉄骨アーチの組み合わせを用いていたが、予想以上に繊細で、ガラス屋根からの自然光がサンクンコートを照らし、変化のある空間をつくり出している。

さらにセント・キャサリン・ドックにも足を運んだ。テームズ川沿いのドックの再開発だが、都心部のウォーターフロントの魅力を再認識させる計画である。石敷きのコートの雰囲気が素晴らしく、錆びた風景がおしゃれで、ファッショナブルスポットになること請けあいであった。ヨットハーバー、気持ちのよいクラブハウス、木造のパブレストラン、煉瓦の中層住宅、すべてがそろっている。しかも年代物だ。

全体がアンチークなのだ。歴史の知識がなくとも、ロンドンとテームズ川を象徴する場所であることが感得できる。当時いち早く空間の魅力の要素として、歴史的風味という味付けがされ始めていた。これは1960年代の近代建築には欠けていたテイストである。機能的なビルに建て替えるのではなく、旧いモノを活用することによって、人々の集合的記憶を喚起する手法が効力を発揮し始めていた。コベント・ガーデンは、「シャーロック・ホームズ」や『マイ・フェア・レディ』にも登場するロンドンの下町の中心である。歴史的な要素を前に出し、近代技術を背後に隠すことによって主客の関係を逆転している。それによって、近代の文化的貧困を批判しているのだ。いかにも英国流である。

安藤も後年、歴史的建造物の保存計画や再生計画に取り組むことになる。ロンドンのテイト・モダンのコンペのときには古い発電所と現代建築が激しくぶつかり合う造形を提示したが、その後、京都府の「アサヒビール大山崎山荘美術館」の場合は、主役となる保存建物はそのままに、地下空間に新機能を追加してみせた。歴史的な建物を保存修復し、現代建築を地中に潜らせるスタイルは、安藤の発明であり得意技となっていく。地中の活用という大胆な提案は、直島の「地中美術館」で景観保全の方法として、また外観と内観の複合した地下空間を生み出す方法として大規模に展開された。

話をロンドンに戻すと、この地における住宅地再開発は、何といってもピムリコとマーキスロードだ。安藤のイチ押しであった。特にピムリコの再開発では、屋上に老人住居をペントハウスのように付加して、屋上散歩ができるようになっている。マーキスロードにおいても中低層をつなぐ歩廊がうまくデザインされている。

英国は住宅問題の先進国であり、解決策においても先進的であった。住宅問題や都市問題を解決するための建築計画は、ときとして理念が先行し、理屈っぽくなって魅力的な解決に至らないことが多い。しかしここでは、空間的な魅力が感得できる。英国はその後も老人世帯と子供のいる若者世帯の混住、身体障がい者の住居と一般住居の混住といった混住型コミュニティを実現するために様々な型の集合住宅を提案している。社会的主題が空間的表現として感性に訴えかけてくる事例は少ないが、ピムリコは成功例の一つである。

安藤との関係で言えば、神戸の商業建築「ローズガーデン」のテイストは、ピムリコの空間だ。住宅のスケール感ときめ細かなデザインを商業建築に導入したのは安藤である。その功績は大きい。「ローズガーデン」は、煉瓦や鉄とガラスの組み合わせ方など、彼の材料に関する好みがよく判る事例だ。

## 集合住宅の個性化に向けて

集合住宅は19世紀以降の近代社会の主要な建築主題である。だが安藤のようなある意味でトガッタ建築家が興味を持つ主題なのかどうか、疑問に思われるかもしれない。安藤は個人住宅だけでなく、集合住宅や近隣住区理論には昔から興味を持っていたし、知識も豊富であった。集合住宅というのは、デザインや造形能力だけでは解決できない。かといって、制度や理念の図解だけではしなやかな生活空間は得られない。我々は計画概念が建築作品に高められた実例を探し求めてヨーロッパ大陸に渡った。

クリスチャン・ド・ポルザンパルク「オートフォルム集合住宅」1979年　筆者撮影

　パリでは当時でき立てのクリスチャン・ド・ポルザンパルク（１９４４〜）の「オートフォルム集合住宅」、当時はまだ工事中であったリカルド・ボフィール（１９３９〜）の「アブラクサス集合住宅」を訪れた。ポルザンパルクの「オートフォルム集合住宅」は、思いっきりフランス的である。その洒落た佇まいはエスプリに満ちたパリジャン風で、ひょろっとしたプロポーションの住棟は日本ではお目にかかれない。複数の住棟がつくり出す風景も、どこかパリ風なあるいは絵画的な印象を受ける。既視感はあるのだが、実際のパリの町並みには存在しないオリジナルな景観である。

一方、パリ郊外の「アブラクサス」は、SF映画のセットのようである。誇張されたデザインが劇画風でもあり、ポストモダニズムの到来を強く印象づけている。実際に、映画『未来世紀ブラジル』の舞台としても使われており、日常生活の中に浸透する異界の影が怪しい魅力を放っている。当時は工事中という状況もあり、他の惑星の風景のようであった。

アルド・ロッシ「ガラララテーゼ集合住宅」
1970年　筆者撮影

そしてイタリアに回る。アルド・ロッシ（1931〜97）によるミラノ近郊ガララテーゼの集合住宅は、長大な中層集合住宅のピロティが主題だ。パリのオートフォルムが具象的で印象派風だとすれば、ガララテーゼのピロティはキリコの形而上絵画を想起させる。このピロティには何もない。コンクリートの壁柱の影と日光のストライプが交互にリズムを刻んでいるだけだ。だがここを誰かが歩いていくと風景が一気に絵画化される。もし一人の少女が夕暮れどきにこの廊下を歩いていけば、まさしくキリコの世界そのものだ。

1970年代という中途半端な時代を過大評価すればの話だが、この時代は、近代社会が生み出した集合住宅という労働者住宅に、機能を超えた何らかの雰囲気をもたらそうとする努力が観測された時期である。日本に目を向けても、60年代という骨太の戦後近代、80年代というバブル経済の時代、その間に挟まれた70年代はひ弱いながらも知的な試みがなされた時代かもしれない。

イタリアからデンマークに渡って、ヨーン・ウッツオン（1918〜2008）の「キンゴー・ハウス」を見る。煉瓦の壁をL字形に配置して各住戸がつくられている。各戸がもつ小さな庭と家の外に広がる大きな緑のバランスが心地よい。個を集めて小さな集合をつくり、それを構成して全体に至るという計画理念が一目で了解できる。だが決して理屈っぽい空間ではない。敷地全域がなだらかに傾斜しているのも、印象をやわらげ、自然な感じを与えている。一種のコートハウス（中庭のある建物）が連なっているのだが、プライバシーを片側だけ開放した壁の配置、その壁面をうまくつなげて、柔らかいお腹と硬い背中を寄せ集めて群造形とし、全体の景観が形成されている。低層集合住宅の空間構成は1970年代を通じて日本中で研究されていたが、「キンゴー・ハウス」は人気のお手本であった。

集合住宅には、近代社会が生み出した膨大な数の労働者を収容する役割がある。名前も知らない不特定多数の人々に住宅を供給しようとするとき、平均的な人間の平均的な生活像に基づいた平均的な間取りを供給することになってしまう。顔のない人々の住む住宅に顔をつけることはできない。

安藤が言うには、エベネザー・ハワード（1850〜1928）やロバート・オーエン（17

71〜1858）といった社会改良主義者たちは、理論や提案だけでなく実際に理想的なコミュニティ開発を実行した人たちだが、残念ながら彼らは建築家ではなかった。だから建築的には意外に凡庸な解答になってしまった。彼らは真剣に考えたはずだが、できてきた結果は平凡な箱であった。この平凡な箱には、その後も調査データ付きの理屈がごまんと並べられ、理論武装がなされたが、空間の貧困感は否めない。1970年代に入って、経済的貧困に文化的貧困を上塗りするようなことはやめようという機運が高まっていた。安藤は公的に供給された集合住宅に対して、ギリシャ・サントリーニ島の断崖に連なる住居やイタリア・アルベロベッロの石灰岩を用いた住居群といった自然集落の空間の有効性を感じ始めていたのかもしれない。

安藤は帰国直後から、「六甲の集合住宅」の開発を順次完成させていく。「六甲の集合住宅」は、60度の急勾配の土地に建設するという技術的、法規的な課題解決が非常にむつかしい計画である。結果的には、神戸港を見下ろす抜群の景観に加え、下階の屋上を利用した広いテラス、緑のテラスが檀状にリズムを刻んでいく構成、こうした正統的な近代建築の方法を活用して、急傾斜地という特別な立地条件を高級な住宅地に変換している。

さらに後年、2000年代の「表参道ヒルズ」のプロジェクトは、関東大震災直後に建てられた同潤会青山アパートの再開発計画である。安藤は6年以上にわたって住民との協議会に出席し、保存と開発、住民の不安と経済合理性といった評価軸の異なる、また利害が相反する課題と向き合い、都心部のファッショナブルスポットに集合住宅の再開発を実現させたのである。

## 旅の休息

旅の途中、カフェでの休息は、安藤の「今日もよう見たな」の一言から始まる。昔は一日一つの建築というペースで見ていたそうだ。パリではサクレ・クール寺院の前に座り、眼下の街並みを見ながら近代建築の陸屋根《ろくやね》（傾斜のない屋根。平屋根とも）ほど特殊で異常なものはないことを話し合った。パリではほとんどの建物が二段階に勾配をつけたマンサール屋根を持っていることに改めて驚いたからだ。見ていながら気づかなかった風景に改めて驚くことができるのも旅の効用である。ヴェネチアではカナル・グランデ（大運河）を眺めながら、ルネサンス後期の建築家パラディィオの話をした。しかしまさか30年後に、目の前にある「プンタ・デラ・ドガーナ」の保存と再生の設計・計画を安藤が手がけるとは思いもよらなかった。

付け加えるならば、「プンタ・デラ・ドガーナ」とは、15世紀に栄えた海の都ヴェネチアの税関である。次第に使われなくなったこの建物を美術館へと再生する計画に乗り出したのが、当時の市長、マッシモ・カッチャーリであった。再生計画のための設計競技では、結局、安藤忠雄＋ピノー財団、対するに、ザハ・ハディド（１９５０〜２０１６）＋グッゲンハイム財団の一騎打ちとなり、安藤＋ピノーチームが勝利したのである。２００６年のことだ。それから間もなく２０２０年の東京オリンピックの新国立競技場の設計競技が行われる。安藤が審査委員長を務め、ザハの案が最優秀に選ばれた。しかしその後、実施に当たっては工事費が予算を大幅に超えることが判明し、結局コンペはやり直しとなり、ザハ案は廃棄された。次に届いたのは、彼女の訃報であった。2016年3月31日に65歳で急逝したのである。ヴェネチアに行けば、そしてサンマルコ広場からカナル・グランデを眺めるときには、きっと多くのことを思い出すことになるだろう。

ヨーロッパの旅は、西洋と日本の関係を論じるための絶好の空間である。しかも個人個人の主観的な体験は、ヨーロッパ建築史という大きな文脈へと統合され、より高次な体験へと昇華される。私的体験を建築史の流れに統合することによって、先輩の体験と縒り合され、個人体験はより強化される。安藤が何度もヨーロッパに出かけているのは、そのたびに記憶を組み換え、自己の建築像を強化するためではなかろうか。

上┃1965年、安藤忠雄24歳にして初めてのヨーロッパ旅行。この写真のシベリア鉄道でハバロフスクから1週間かけてモスクワに着き、フィンランド、フランス、スイス、イタリア、ギリシャ、スペインをまわった。
下┃帰国の途につくインド洋上では、灼熱の太陽を浴びながら座禅を組んだことも。
撮影＝安藤忠雄（2点とも）

同潤会青山アパートの跡地に、ケヤキ並木の景観を壊さぬよう高さを抑えてつくられた「表参道ヒルズ」（2006年）。

「六甲の集合住宅」は、60度の傾斜地に集合住宅を建てるという挑戦から始まった。1983年竣工の第I期から、2009年竣工の「六甲プロジェクトIV」まで、四半世紀ごしのビッグ・プロジェクト。

# 05

# 創作のためのサプリメント

安藤からの電話はいつも「新型ができたよ、いつごろ見に来る?」というものだ。この40年間に何百という新型建築の模型を見せてもらった。本当に疲れを知らない建築家である。安藤は、ぶれない作品をつくり続ける建築家というイメージが強いのだが、この40年間を振り返ってみれば、「住吉の長屋」から「地中美術館」へ、関西からアメリカを経てヨーロッパ、そしてアジアへと雄大な軌跡を描いて変化していることに改めて驚かされる。

それにしても新作を次々と発表する安藤の創作法とはどのようなものであろうか。創作の秘密には誰しも興味があるが、他人の頭の中を直接覗くことはできないし、また、してはいけない。プライバシーの核に触れるようなことは、倫理的にも野蛮な行いであるからだ。建築現場では、職人さんが物をつくり、建築をつくっているところを見ることはできるが、建築家の頭の中を実況中継することはできない。

視点を変えて、教育の現場から建築の創作について考えてみよう。建築学生は、入学と同時に白紙を渡されて設計の授業が始まる。白紙を前にして頭の中が真っ白になり、何を描いたらよいのか、何を設計すべきかが判らなくなり、パニックに陥るのが普通だ。白紙の上に世界を構築するのが建築の創作活動というもので、大げさに言えば、建築家は神様の代理人となる。建築家は自らの責任で世界の始まりに手を染めるのだが、物事の原初や起源に触れるのは誠に神秘的な体験であり、厳粛な作業である。芸術作品が生まれる瞬間について、詩人の谷川俊太郎は、私の勤める大学のゼミで次のように語ってくれた。

「自分を空っぽにするということですね。自分を空っぽにして、遠くから言葉がやって来るのを待つわけです。宇宙の果てから、言葉が生まれる以前の世界から、はじめの言葉がやってくるのを待ちます」

これこそ、まさしく無から詩が生まれる瞬間である。では建築の場合はどうであろうか。心を白紙にして、緊張と不安の中で何かの啓示がやってくるのを待つのであろうか。普通、教育の場では、ただ待っているのではなく、何らかの問いを発しながら解答を待つように指導される。

スイスの大学で教えていた建築家のペーター・ツムトア（1943〜）は、新入生に向かってまずはじめに伝えるべきことは、「答えが最初からわかっている問いを出す教師はいない[1]」というメッセージだと言っている。すなわち、建築するということは、自分に向かって問うことであり、教師の助けを借りながら自分で答えに迫り、発見することである。

例えば「四人家族のための住宅を設計しなさい」という課題に対しては、安くて、使いやすく、安全で格好いい住宅を提案することになる。しかし、「四人家族のための幸せな住宅を提案しなさい」という課題になると答えはかなり深くなる。幸せを形によって具現化することは、住宅の永遠のテーマであるからだ。さらに、かつて雑誌のコンペで、「スーパースターの家を設計せよ」という課題が出された。自分にとってのスーパースターを想定し、その住処を設計するものだ。自分にとってのヒーローが、「あしたのジョー」なのか、「美空ひばり」なのか、「ジーザス・クライスト・スーパースター」なのか、設定次第で答えは異なる。

大切なことは、魅力ある答えは魅力ある問いから生まれるということだ。安藤も、魅力的な建築を提示するために、その元になる課題を探索している。筋の良い問いが発見できれば、解答も魅力的になるはずだ。

安藤にとって、建築的解答は感動を呼ぶものでなければならない。あまりにも説明的に過ぎる建築は、いくら破綻なくできていても好みではない。彼の建築作品における感動の源泉は、明確な幾何学と詩情あふれる空間にある。言葉で言い尽くせる建築案は廃棄し、言葉では説明しきれない詩情が感得できるような作品をめざしている。

安藤は、時折、俳句のような建築をつくりたいと言う。俳句は、五七五の小さな詩句の中に、大きな世界を内包しているからだ。しかもリズムが明確で、季語によって季節感が読みこまれている。安藤は、明晰な幾何学の中で、移ろいゆく季節が醸し出す詩情が好きなのだ。

## 建築の全体性と細部の精度

創作の秘密と並んで、興味深い主題は建築家としての長生きの秘訣である。これもまた正解が見つからない主題ではあるが、安藤は長生きのためのサプリメントのとりかたが実に独特である。建築家として長生きするためには、建築観の基底にしっかりした確信が据えられていなければならない。安藤の場合、それは材料と肉体である。コンクリートは正直な材料であるという実感と、建築は身体でつくるものだという確信である。この思いは、安藤の人生観と共鳴している。

若い頃のプレゼンテーションでは、吐き気がするくらい緊張し、クライアントの反応によっては失望し、激しく興奮することもあったらしい。だがプロとして成長していくためには、結果に一喜一憂するようなものづくりではなく、自分の心にとって嘘のない建築をつくり続けていくしかないという結論にたどり着いた。大きなコンペに参加するときも、自分に嘘のない作品を提示すること、成否はときの運だが、後から見ても恥ずかしくない作品を提示したいというのが、安藤の心境である。彼にとって嘘のない建築とは、身体とコンクリートによってつくられる建築だ。それこそが自分の人生に染み込んでいるものであるからだ。結果として、安藤建築の根底には強さが感得される。体幹が鍛えられているのだ。

安藤の建築のつくり方を近くから見てみよう。ここまで述べてきた通り、彼はものづくりの原点を木型屋さんから学んだ。小学生の頃から、自宅の向かいの木工所に通って、職人さんと多くの時間を過ごしてきた。その結果、ものを考えるとき、内も外も一体で考える癖がついている。手を非常に信じているので、手でものをつくろうとする。逆に言えば頭でつくる癖がついていないので、建築を観念的に構想することができない。目でつくる人や口でつくる人もいるが、安藤は手と身体でつくる。

安藤の空間感覚も、子供の頃に身につけた身体感覚そのものである。羽生結弦《はにゅうゆづる》の4回転ジャンプとか、白井健三の後方伸身宙返り4回ひねりのように、三次元的感覚を身体化する能力が形成されている。安藤の空間は、彼の手の中で生成された木型を原型としている。このため通常の建築よりもトポロジカルな空間性が感じられる。手の中で育まれた立体物は、上下左右、内と外にわたって一気に生成される。この点が非常にユニークである。

そもそも木型は建築ではなく機械製作のための実物大の原器である。いわゆる建築らしい形とはいえない。一方、学校での建築教育は、図面から入る。まずは平面図をつくりましょう、部屋の中に生活要求や機能を入れ込みます、次に柱を建てて屋根をかけます、といった具合だ。この方法は、各階ごとの平面を重ね合わせていく設計法である。これでは立体感覚が育たない。安藤は、ねじや機械部品のような立体物を一気につくってしまう。彼の強みと特色は、はじめから三次元の立体を生み出すことである。次にそれを施工するために図面化していくという方法は、安藤独自のものだ。

安藤事務所での作業は通常の建築事務所のように進行する。ただし、安藤の頭の中の進行表では、まず全体像を摑み、この全体像をナビゲーターとして作業が進められる。近代建築は機能主義的側面が強いため、機能に対応した要素の集積という建築観が主流となってしまった。建築の全体性という意識が希薄であった。安藤建築の強みと特性は、建築の全体性が強く感得されるところにあり、結果、多くの人が全体像を共有できる建築となりうる。建築のもっとも根幹となる特質が保全されているためだ。

また、「神は細部に宿る」という言葉通り、安藤建築の施工精度は極めて高い。物質表面の精緻な仕上げは、清潔感や高級感を醸し出す。さらにその奥に、ものづくりに携わる人たちのプライドというか倫理観が感得される。ここが重要だ。

安藤忠雄の身体には、「手作りの精度」が埋め込まれている。木工でも金工でも、その精度の目安は、ほぼ100分の1ミリを目標にしている。一方、コンクリートという材料は、常温で硬化する一種のセラミックであり、現場でつくり上げる人工の大理石である。型枠にコンクリートを流し込めば、三週間後までその出来具合は判らない。安藤の場合、精度の基準は木型であるため、コンクリートにも同じ精度が要求される。彼は、これまでのコンクリートの建築に比して、だれが見てもそれと判る高精度のコンクリートを打つ技術をつくり出した。

超高精度の打ち放しコンクリートというものは、既存のコンクリートとは別の表現材料であり、日本の職人技によってつくり出された材料と言ってよい。明治時代、職人たちは超絶技巧を用いて、伝統工芸品を輸出品の花形にまで押し上げたが、安藤建築のコンクリートは、その驚嘆すべき表現に匹敵する工芸品である。安藤自身、自分のコンクリートは近代建築にとっても意味のある材料であると自負しているはずだ。

近代建築を判り易く特徴づけると、「鉄とガラスとコンクリートでできた建物」となる。鉄とガラスについては、1851年の第1回ロンドン万国博覧会のメイン施設、クリスタル・パレスこそ最高傑作ではないか、というのが安藤説だ。クリスタル・パレスは鉄とガラスのプレハブ建築である。ロンドン万博では工期と予算が切羽詰まっており、苦し紛れのアイデアとしてプレハブ工法が発明されたといってよいだろう。結果は大成功であった。クリスタル・パレスはたちまち評判を呼び、新時代の到来を世界に告知することになった。500メートルを超える長大なガラスの展示会場は、人々が体験したことのない新たな空間体験を提示したのみならず、床下の換気機能や集塵機能といった環境への配慮など、管理運営面での新システムの導入も図られた。設計者のジョセフ・パクストン（1803～65）は、建築家ではなく造園家であり、温室のつくり方を応用して鉄とガラスの巨大な空間を短期間に安価に施工することに成功したのである。(2)

安藤がパクストンの仕事に興味を持っているのは、建築出身でないパクストンが大胆なアイデアで技術革新を果たした結果、新規な建築が生み出され、その空間体験が多くの人々に感動を与えたからである。安藤はまた、建築の素材という点でパクストンから刺激を受けている。安藤自身は、コンクリートに注力し、建築現場で人間がつくり出すコンクリートという材料を、工業製品の精度にまで高めようと努力し、さらには工業製品を超えて美術工芸品をめざしたのである。コンクリートという材料に対する信頼と身体化された形態は、安藤が建築の仕事を続けていくための必要条件である。

## 引用術をめぐって

では建築を続けていくための十分条件は何か。それはおそらく建築の造形的魅力ということになるだろう。しかし安藤は、建築の魅力が造形的魅力だけだとは考えていない。この点ではペーター・ツムトアの考え方と近いかもしれない。ツムトアは、建築の芸術性とは、形のおもしろさや、独創性ではなく、「予期せぬ真実[3]」が立ち現れる場をつくることである、と言い切っている。格調高いメッセージである。これを建築家のタイプに翻案すれば、いわゆる話題作、ヒット作をつくり続けるのはデザイナータイプの建築家であり、安藤が目指している建築家像とは微妙に異なる、ということである。流行作家やデザイナーのように器用に振る舞うことが苦手なのだ。彼は、ボディーブローのように重い刺激が長く続いてほしいと考えている。だからこそ、作品づくりにおいては、オリジナリティを重視する。ヒット作品のカバーや本歌取りはしない。そんな安藤は、どのようにして栄養補給を行っているのであろうか。あれだけ多作な建築家は、もちろん大食漢であり、美食家でなければならない。

ただ不思議に思うのは、安藤の場合、歴史的な名作を見たとしても、そこからどのような栄養分を摂取したのかが推測できないのである。昨日食べたものが判らないだけでなく、10年前に食べたものも判然としない。しかし必ず栄養補給はしているはずだ。言い換えれば、引用という創作法をとっていないために、直接の栄養源が推定できないのである。

一方、磯崎新は、引用術を現代建築の創作法に導入した人である。1970年以降、磯崎はその該博な知識と幅広い体験を建築表現に投影させている。(4) この方法は今日さかんに言われるところのイノベーションに似ており、歴史に深く通じ、先行事例を吟味し組み合わせることによって新たな文化的文脈をつくり出す。今日のような成熟社会における、或いは煮詰まった時代における発明のあり方を示唆する創作術である。

とは申せこの方法は、近代建築の価値観から大きく外れているのみならず、おそらく正反対の価値観に基づいた創作術である。近代建築は過去からの離別を宣言し、過去の様式に縛られることなく、自由に建築することを基本理念としている。したがってオリジナリティという新規性を最大の目標としていたはずである。磯崎の創作法はこれとは真逆の方法であり、新規性を捨てて過去を探索し、ときには種明かしをしながら過去の引用によって建築表現を行う。勇気をもって近代建築の価値観を捨て去ることで膨大な過去の遺産を手に入れ、無限の組み合わせを可能とする方法である。

それに対し、安藤は引用という方法や、知的な操作を表現の基軸に置いていない。では彼が摂取した栄養源はどこに行くのか。彼は摂取したものを消化し身体化してしまうので、形はなくなってしまう。もちろん参考にした作品は多くあると思うが、参考にする仕方が磯崎とは違っている。安藤は、作品の欠点や矛盾点こそ研究すべきである、と言う。成功に学ぶことは模倣であり、失敗は発明の母であるという立場なのだ。そんな訳で、安藤の場合、参考とした建築がどのように参照されたかを分析できないため、エビデンスから具体的な参照元を特定することができない。残念ながら探偵小説のような謎解きの楽しみは奪われている。

## メゾン・ド・ヴェールの教え

作品や造形の影響は特定できないが、安藤は他の建築家の生き方や仕事の進め方については、関心ももっているし、研究もしている。かつて安藤と一緒に訪れた建築を実例にして具体的に見てみよう。パリの「メゾン・ド・ヴェール」とロンドンの「サー・ジョン・ソーン博物館」である。

1978年の春、パリで松谷武判《まつたにたけさだ》（1937〜）の自宅を訪ねた。安藤とは旧い友人の松谷は、具体美術協会の一員であり、1966年に渡仏、黒い鉛筆だけを使って画布を真っ黒に塗る絵を描いていた。彼のはからいで、「メゾン・ド・ヴェール」を見せてもらうことができた。

ピエール・シャロウ（1883〜1950）設計の「メゾン・ド・ヴェール」は、フランス語で「ガラスの家」の意であるが、ミース・ファン・デル・ローエ（1886〜1969）の「ファンズワース邸」やフィリップ・ジョンソン（1906〜2005）の「ガラスの家」のような緑に包まれたガラスの箱ではない。パリの都心部にあるアパルトマンであり、いわば町屋である。1928年、施主のダルザス医師は、もともとあった家を買い取って建て替えようとしたのだが、最上階である三階の間借り人が転居を拒んだため、最上階を残したままの改築をシャロウに依頼、一階と二階を門型にくり抜き、改めて床を張り三層分の建物を造ることになった[5]。

この計画は簡単ではない。鉄骨の支柱で三階の床を支えておいて、その下の二層分を取り壊し、新たに床をつくり、最後に正面ファサードと庭側ファサードによってサンドイッチ状に蓋をする。三階部分を他人の家として残すことになったため、トップライトがとれない。そこで表面と裏面は全面ガラスの壁面として壁から光を住宅内部に取り込むことにしたのだ。ガラスの家の名の由来となったこのガラスの壁は、ガラスブロックのように見える20センチ角の正方形ガラス「ネバダレンズ」を使い、縦6枚横4枚を1ユニットとしてスチール枠にはめ込んでつくっていく。内部空間は鉄やパンチングメタル（金型で穴をあけた金属板）状のスクリーン、床のゴムタイルなど、1928年当時の先端的な材料を用いた工夫が随所に見られ、全体がプロダクトデザインを思わせるモダニズムのエスプリに満ちた空間である。案内してくれた人が「メカニカル・ポエム」と言っていたのが印象的であった。

この建築の魅力は、先端材料を駆使して機知に富んだ解決案を次々と打ち出し、それがインテリア・デザインに反映しているところである。内部空間は光にあふれ、透明でウィットに満ちている。工業製品が表舞台から遠ざけられるのではなく、新しいモノ、珍しいモノとして建築表現に大いに貢献しているのだ。クラシックカーを思わせるマシンメイドの工芸品。もしかしたら西欧の数寄屋とはこんな風なのかと想像させる建築だ。

ピエール・シャロウ「メゾン・ド・ヴェール」
1928年　筆者撮影

1978年当時、安藤はさまざまな材料とコンクリートの相性に関心があり、ガラスブロックにも凝っていた。「堀内邸」のガラスブロックの壁や「石原邸」のガラスブロックの中庭、さらに「松本邸」や「福邸」でもガラスブロックを用いている。「メゾン・ド・ヴェール」の設計者ピエール・シャロウは、板ガラスも検討したようだが、平滑な面よりもユニットを組み合わせたガラスの壁を選んだといわれている。安藤も、職人が手で一つずつ積み上げていく材料には関心が高い。煉瓦に始まり、ガラスブロック、そしてコンクリートブロックや穴あきブロックを用いて、大きな壁面を構築している。こうした材料が工場で量産されるのに対し、打ち放しコンクリートは、手づくりの一品生産であり、建築現場の一期一会の世界でつくられる。しかも安藤のコンクリートは鏡のように平滑である。一方、ガラスブロックやコンクリートブロックは、工業製品とはいうものの、現場では職人が手で積み上げていくために、結果としてどこかに手づくりのニュアンスがかもし出される。

安藤もコンクリートブロックを使うときは、そうした特性を引き出すようなデザインを行っている。京都三条高瀬川の「TIME'S」は、高瀬川の船着き場のような、あるいは屋形船のような、歴史性を感じさせる空間が川に面して開かれている。敷地と計画道路の関係で、仮設的な建物として許可された経緯もあり、コンクリートブロックが用いられた。水、船、揺らぎ、仮設性がうまく環境形成に寄与していることが感じられる。また沖縄の「フェスティバル」ではコンクリートの穴あきブロックが、太陽の光と影そして風を感じさせる材料として使われている。

だが安藤と「メゾン・ド・ヴェール」の関係はそこまでだ。「メゾン・ド・ヴェール」の内部空間のデザインは、実にもったいないことに全部捨てられるのだ。最もおいしいところは捨てられる。安藤がこの建築から学んだことは、パリの都心部で、複雑な施工計画を敢行した建築家の勇気である。特殊な仕事を見事に成功させた技術力と精神力こそ、安藤にとってのサプリメントである。

## 増改築という実験

もう一つ、1979年に安藤と訪れたロンドンの「サー・ジョン・ソーン博物館」を見てみよう。

建築家ジョン・ソーン（1753〜1837）の自邸にして建築事務所、さらには死後のために準備していた建築博物館という機能が混在するこの館は、横に連なる三軒の住宅を一つに統合した建築である。1792年にはじめの家を購入し、1808年に左隣の家を取得、1824年に更にその左隣の家を購入している。39歳から亡くなるまで、この家を改修し続けたジョン・ソーン博士は、1753年に建築職人の息子として生まれ、15歳のときからロンドンの有名建築事務所で修業を積み、才能と努力によってローマ留学を果たし、イングランド銀行を設計した著名建築家である。晩年には爵位を授与されサー・ジョン・ソーンと呼ばれるようになる。そのキャリアはどこか安藤を想起させるところがある。

中に入ると、絵画、メダリオン、柱頭やエジプトの石棺がところ狭しと展示され、展示物がアーチや建築装飾と一体となっているため目が慣れるまで空間把握が難しい。そもそも先述のように三軒のタウンハウスが一体の空間として再構築され、上下方向にも吹き抜け空間によっ

サー・ジョン・ソーン「サー・ジョン・ソーン博物館」 1814年　撮影＝野中昭夫

て連結されているため、建物自体が非常に複雑なのである。現代の博物館や美術館は判りやすく展示することが主眼となっているが、本来博物館は、世界の事物を収集すること、そして分類することがミッションである。「サー・ジョン・ソーン博物館」はコレクターの城なのだ。

最上階には様々な形のトップライトが設けられ、光が屈折しながら地下階にまで降り注ぐ。安藤はこの建築を見たとき、「トップライトの展示場やね」という感想を漏らしていた。知的な迷路という趣もあって、ジョン・ソーン博士の頭の中を覗くようであり、博士の人生の経緯を辿るようでもある。まさしく18世紀のピラネージの版画や映画『薔薇の名前』に出てくる中世の空間を連想するのだが、逆に、歴史に詳しく目利きである建築史家の長谷川堯《たかし》（1937〜）は、「この博物館は、二〇世紀の『都市建築』の原型であったといえよう。たとえばオットー・ワグナーや、フランク・ロイド・ライトや現代日本の安藤忠雄の建築の原点が、この博物館の空間にあるといったら笑われるだろうか」[6]という見解を示している。

しかし、ジョン・ソーン博士の博物館においても、造形や意匠が安藤の建築に影響を与えるということはありえない。その一方、ジョン・ソーン博士が人生の後半を費やして自邸の改築や改修を繰り返したという事実は、きっと心の琴線に触れたに違いない。というのは、安藤もまた、いつも建築を手の内で触るようにしながら、頭の中ではここをどうしようとか、もう少し光の量を増やそうとか、シミュレーションしているからだ。

安藤は、増築の名手であり改修にも柔軟に対応する。全力投球でつくり上げた建築にさらに何かを付加する行為は、延長戦に突入するような、精神的にもきつい話なのだが、少年時代の経験からか、彼は増改築が好きだし苦にしない。こうした仕事に対しては、驚くほどタフでありしかも器用である。実際、「小篠邸」や「松谷邸」、京都の「TIME'S」などは増築によって魅力が増したように思われる。中世の教会堂やアントニ・ガウディ（1852〜1926）の「サグラダファミリア」を見れば判るように、建築は姿を変えていくものなのだ。ベネッセホールディングスの福武總一郎と安藤による直島計画も、当初はモンゴルからパオ（移動式住居）を移築した直島国際キャンプ場の設置に始まり、美術館、ホテル、地中美術館、古民家の美術館と、今や島中に及び、既に25年以上が経過している。

彼は、いつも体を動かし、手を動かし、ウォーミングアップに余念がない。実際に自分の事務所や自宅マンションを使って増改築の練習や実験を繰り返している。今の安藤事務所も、何度も増改築を行っている。元は「冨島邸」という友人の家であり、安藤設計のゲリラハウスの一つであったが、その後、自身で買い取り、事務所として改築。さらに隣の住宅を買い足して増築したという具合である。最近、隣のビルの二階部分と内部でつなぎ合わせたのだが、とても自然につながっているため、いま自分が隣のビルにいることに気づかない。また、通りを挟んで向かいに事務所のアネックスを建てたが、早くもこのアネックスを改築し、コンクリートの壁から新たにガラスの箱が突出している。

安藤の増改築実験の中でも最も有名なのは、「大淀の茶室」である。二階建て木造の長屋を手に入れて、その中にシナベニヤの茶室をつくった。妙喜庵待庵の研究のためにわざわざ寸法を合わせて帽子のように屋根の上に茶室を乗せたのである。浅い円弧状の天井から簾をたらして、外光による穏やかな陰影のある空間にしつらえた。茶室への入り方も躙《にじ》り口ではなく階段をのぼって入る。続いて、この住宅の一階にコンクリートブロックの茶室をつくった。のみならず、第三の茶室を一階屋根の上につくっている。アプローチが特異で、ガラスの湾曲した滑り台を通って入っていく茶室である。

こんなにも、自分のための実験建築をつくった人もいないだろう。ジョン・ソーン博士が見たらなんと言うだろうか。有名な建築であっても、自分ならばこうする、こうした方が面白いと思うときには、実際に実験的にやってみるのが安藤忠雄だ。

## 欠如の魅力

すべての人は、自分に足りないものを補給する。いわゆるサプリメントだ。長く生き抜くためには、毎日栄養を摂取し、自己研鑽を積む。しかし、努力によって足りないものを補うというだけでは、安藤の特異な個性と才能は説明できない。つらつら思うに、むしろ逆である。安藤の個性の源は、実は欠如にある。ただし誤解のないように願いたい。欠如と欠点は、この際何の関係もない。というよりも、芸術の領域では欠如は欠点どころかしばしば美点となる。

安藤忠雄という人は、「祖母の教え、プロボクシング、一人旅」という三つの要素から成り立っている。これだけでもかなり風変わりな人であるが、彼の不思議な魅力はそれだけでは語りつくせない。能力や美徳や性格といったポジティブな要素をいくら並べ立てても、安藤忠雄らしさには到達しないからだ。常識が欠けている。日本語能力は未発達である。建築作品についても、代表作の「住吉の長屋」には屋根がない。ファサードがない。

安藤もそのことは自覚しているので、欠如を補うために様々な努力を行ってきた。大学教育の欠如に対しては旅の修練、標準語の代わりに堪能な大阪弁、建築機能の欠如に対しては素晴らしい内部空間などである。しかしそれも本質的ではない。安藤の魅力は、欠如そのものの魅力である。欠如は、言葉の説明のかなたにあるものを感得させてくれる。欠如から生まれ出てくる何か、遠くにある大切なものを感得させてくれるのである。

欠如の発する魅力と効能については、これまでも様々な指摘がなされている。おもしろい事例は、「ミロのビーナス」。この大理石像には腕がない。発見されたときから失われている。失われた腕については様々な研究がなされてきたが、どれもしっくりこない。それどころか、「ミロのビーナス」に腕をつけると、途端に美的価値が失われ、古代ギリシャ彫刻がレストランの置物になってしまう。安易に欠如を補塡すると、通俗性が顔を出し、美が破壊されるのだ。

ペーター・ツムトアは、美と欠如の関係について、「欠如から生まれるとき、美はもっとも強烈な輝きを放つ(7)」と述べている。

美を感受するということは、自分の中の欠如を強く意識することでもある。美的体験とは自分の内なる欠如の痛みと同時に悦びを体験することだ。ツムトアは欠如の働きに関して、ドイツの作家マルティン・ヴァルザーの次の言葉を添えている。


なにかが欠ければ欠けるほど、欠如に耐えるために動員しなければならないものは美しくなり得る(8)。

安藤忠雄と「住吉の長屋」に献上したい言葉である。

大阪の梅田駅近く、安藤忠雄建築研究所と道を挟んで立つアネックス。2015年、その2階から空中に「ガラスの箱」が張り出すような増築が行われた。

「大淀の茶室」は、1985〜88年に事務所近くの長屋を増築してつくった3軒の仮設建築。それぞれ、ベニヤ、コンクリートブロック、テントと、手に入りやすい素材が使われている。上の写真は簾ごしに外光が差し込むベニヤの茶室。

# 06 安藤夫妻とチーム・アンドウ

安藤夫妻に、かねがね確かめたいと思っていたことがある。

本書を書くにあたって由美子夫人に「どうして安藤さんと結婚したのですか」と大変ぶしつけな質問をしてみた。彼女の答えは「こんな人には会ったこともないので、ビックリして結婚を決めてしまった」というものであった。

彼女は結婚生活を振り返って、「自分で野獣と自負している彼の野性と自由を守ることを、何があっても、私の任務として生きてきました」と述べている。安藤の伴侶としての覚悟のほどがよく伺える。若い頃、安藤は、大阪というジャングルを生き抜く野獣のようでありたいと言っていた。そんな二人の結婚生活もそろそろ金婚式を迎えようとしている。

一方、安藤は由美子夫人について、「うちの奥さんは普通の人やからね」と時々念を押すように言う。彼はいつもざっくばらんに話しかけてくるので、軽い気持ちで同意しているのだが、よく考えてみると意味不明な言葉が混入している場合がある。この言葉も真意は判らない。私の印象でいえば、由美子夫人は、礼儀正しく、よく気のつく人であり、英語に堪能であるのみならず、日本語の読み書き能力に優れ、夫の独特の大阪弁を丁寧語に翻訳できる唯一の人である。管理能力に優れているが、表に出すぎることがなく、事務所の奥向きの仕事と建築設計の家業の橋渡し役にはなくてはならない人なのだ。船場言葉こそ話さないが、やや古風なところがあり、商家の女将さんと阪神間のモダンなお嬢さんという両面をもっている。彼女の最大の美徳は健康な常識というものをしっかり身につけている点である。安藤の言葉の意味は、おそらく、普通であることの大切さを、由美子夫人を通じてはじめて知ったということだろう。普通の人がいつも側にいてくれることが彼女からの最大の贈り物であり、これほどありがたいことはないという意味だと思う。

安藤を育てたのは祖母であるが、彼を社会人として世界に送り出したのは由美子夫人である。安藤が彼女と出会ったのは1968年のこと。フリーの建築家として不安な日々を過ごしていたとき、具体美術協会の向井修二（1940〜）の紹介で知り合った。1970年に結婚。当時の写真を見ると、安藤と祖母キクエ、母の北山朝子、そして由美子夫人と父の加藤泰、母のフミが写っている。安藤は北山孝雄と双子の兄弟として生まれたが、安藤家の一人娘だった母が嫁ぐ際、最初の子に実家を継がせる約束をしていたため、兄の安藤は母方の祖母、安藤キクエに育てられたのである。

## 義母の思い出

ここに一冊の本がある。『泣き虫フーちゃん、弱みそフミちゃん―母との最後の日々(1)』。安藤の義母、加藤フミの晩年の日々を、メモなどの記録によって由美子夫人がまとめた私家版である。同書にはフミが残した回想文をもとに、加藤家の戦前・戦中の生活も詳しく再現されている。

由美子夫人の父、加藤泰は、別府の出身でおおらかな人柄であり、神戸有数の繊維会社、竹馬商店(後の竹馬産業、現チクマ)に勤め、満州に赴任、1946年(昭和21)の秋、妻と三人の幼子をつれて引き揚げてきた。戦後の混乱の中、家族を守り育てるとともに、会社の立て直しに尽力し、1965年(昭和40)には東京支店長となるも、1971年、62歳の若さで亡くなった。安藤たちが結婚してすぐのことであり、彼は義理の父ともっと話をしたかったと語っている。由美子夫人の姉は神戸女学院卒、兄と由美子夫人、弟は関西学院大学卒という、阪神間の典型的な中産階級の家庭である。卒業後、兄は日立製作所勤務、弟は京都女子大学で英文学を教えている。

由美子夫人は旧満州国奉天市紅梅町の牧産婦人科で生まれた。すでに戦局は厳しく、ロシア軍の空襲を避けるようにして、奉天から新京に移転。1945年の春に父が召集され、一家は母と二人の幼子、生まれたばかりの由美子の四人家族となった。同年8月11日には、軍の命令により、母は三人の子供を連れて、再び奉天に強制疎開させられた。8月15日の終戦直後、隣家のすすめもあって父の帰還を待つために、もう一度新京の住居を兼ねていた店へ移る。この判断は功を奏し、一週間後に撫順から歩いて帰ってきた父と再会。息つく間もなく進駐してきたロシア兵によって新京の店は接収される。そして五十日に及ぶロシア兵と加藤家の同居生活が始まる。

『泣き虫フーちゃん……』には、由美子夫人の兄忠彦が、8月15日直後の新京での生活を振り返った文章も収録されているので、要約して紹介しよう。

――ある時、同居していたロシア兵が、銃を暴発させて大けがを負った。父が深夜に近所の外科医を起こして、手当をしてもらい、それ以降ロシア兵との気持ちの距離がすこし縮まった。ロシア兵が話していた、ハレーバ、スパシーバ、そしてスコーリカ、ダラゴーイなどの単語を覚えている。ロシア兵が撤収した後、すぐに八路軍と国府軍がやってきて市街戦が始まる。通りを挟んでベランダに据えた機銃の撃ち合いが窓から見えるのだが、雨が降ってくると傘をさしていたのが滑稽だった。翌朝見ると、二重窓の木枠に鉄砲の弾がめり込んでいた。そして早くも小学校の二学期がはじまる。登校すると学校は破壊され、校舎の真ん中の大きな穴に、子供たちの死体が投げ込まれていた。実に厳しく惨めな戦後の生活の中で、二人の中国人から物心両面で助けてもらった。家のボイラー炊きや掃除、店の人の賄いをしていた、モウさんとチャンさんは、危険を冒して自宅の貯蔵庫から肉や野菜を運んでくれた。チャンさんから最後にもらった洋ナシは、引き揚げ船の中で唯一食べることができたものであり、彼らの好意は筆舌に尽くしがたい。――

苛烈な状況をけなげに生きた7歳の少年の気持ちが、とてもリアルに伝わってくる。

この本を読んで強く感じることは、戦前の外地での生活水準は高く、生活様式はモダンであるという点だ。戦後の混乱期を通じて、すべてが大きく変化していくが、戦前の生活基準は心の中に保持されている。それが、日々を毅然と生きるための尺度となっていたのではなかろうか。戦前の幸せな生活、戦中の死と隣り合わせの生活、人から受けた命がけの親切心。すべてを無くした後の人生の構築。そうした実体験あればこそ、日常の中でも、今この人は何を必要としているかが感得され、一切れのパンを分かち合う生活を営むことができるのであろう。

安藤は、由美子夫人との結婚によって、家族というものを実感したという。安藤は保護者が祖母一人だけの子供時代を過ごした。勝手気ままに育ったので、他人の意見に耳を傾けない。彼は由美子夫人を通して加藤家の温かい空気に触れ、うらやましくもあり、また多くのことを学んだという。礼儀正しさや人への思いやり、そして何より誇り高く生きることの大切さである。

とりわけ由美子夫人の母フミの生き方は安藤に感銘を与えたようである。明治の生まれで、三人の子供を命がけで守り日本に引き揚げてきた女性だ。母としての強さだけでなく、人として何が大切なのかがよく判っており、その凛とした雰囲気は安藤の理想の鏡像になったようである。彼女は阪神淡路大震災の後、亡くなるまでの10年近くを、安藤夫妻と三人で暮らした。正確にはコルビュジエという一匹の犬も一緒であった。

2004年、フミは92歳で亡くなったが、葬儀に際して、安藤は「亡くなる4日前、6月27日の日曜に、〝富士は日本一の山〟を一緒に歌いました。フミさんは日本一の母でした[2]」と述べている。

『泣き虫フーちゃん……』の後半には、受け入れなければならなかった老いと死、そして静かな生が描かれている。安藤は、四六時中働きづめの日々を過ごしている人だと思っていたが、阪神淡路大震災以降、夫妻で静かな時間を過ごしていたことが判る。

安藤と義理の母であるフミとは、生活時間も寝る時間も異なるので、手紙やメモでコミュニケーションしていたようである。安藤は確かに筆まめな人であり、外国からもよく絵はがきを出していた。私に本を送ってくれるときにも、必ずメモやスケッチがついている。

今年も何時か師走を迎える日が参りました。私もいつの間にか「米寿」を迎える日が来たことに、おどろきの他ございません。
貴殿にとっては義理の母。もうかれこれ十年近くも「おそば」におらせていただき、ただただ感謝の他、ございません。
後幾年かおそばにおらせていただくことかは「天のみぞ知る」日々でございますが、最後まで、心身共に頑張る所存です。
どうかよろしくよろしくお願い致します。
かしこ
忠雄様へ
平成十二年十二月二十四日
文子(3)

フミから二人に対するメモには、その日の生活の報告と時折感じる心象がつづられている。感謝の気持ちや、ふとしたときに感じる寂しさなどである。ある時期には愛犬「コル」ことコルビュジエも家族のように生活していた。コルは安藤事務所で飼われていたが、怪我をしたときなどは、所員が交代で乳母車に乗せて散歩に連れて行った。年をとってからは、自宅で留守番の日々が続く。フミは、この小さな命にもそっと心を寄りそわせていた。

8時半。ずーっと見ていましたが、目は開けずです。私も一人で見ているの辛いので、ベッドへ上がります。おやすみ。お二人へ。(4)（1998年8月31日）

由美子夫人の母フミは、満州における終戦時の混乱の中を生き抜き、幼児二人と乳飲み子を抱えて無事に帰国し、戦後、神戸での生活を立て直して子供たちを育ててきた。彼女の晩年の姿を、安藤は、「フミさんは美しく、やさしく、毅然とした人でした。……スズメにも、犬にも、こどもにも、老人にも、わけ隔てなく、やさしく対話をしていました」⑤と述べている。その娘である由美子夫人は、大変な赤ちゃん時代を過ごした。そんな由美子夫人を安藤は「普通の人」と表しているわけだが、普通であることは偉大なことなのだ。過酷な生活の中で、普通に育つためには、強さと賢さと運の良さが必要である。

## 似た者夫婦

安藤のマンションは大阪都心部にあるのだが、自宅での生活は静かで、敬虔な感じすらする。日頃の安藤のイメージとは対照的だ。義母と暮らしていた頃、天皇ご一家の夕食に誘われることもあったという。安藤は我々庶民のヒーローであってほしいと願っているのだが、ヒーローも大変なのだ。

若い頃は、夜はスポーツジムで友人たちとボクシングのスパーリングをし、サウナに行くのが日課であった。友人やベテランの所員の間では今も語りぐさになっている。幸い私はスパーリングの相手はしたことがないのだが、「六甲の集合住宅」のプールには泳ぎに行った。安藤夫妻は淡々と、そして延々と泳ぐ。私ともう一人の友人は適当にサボる。由美子夫人は観察眼が鋭く、「古山さん、最近おなかが出てきたのと違う?」と言うので見返すと、彼女は確かにひどくスマートである。「トレーナーについて筋トレやっているからね」と言う。殆ど毎日スポーツジムに通って鍛えているそうだ。安藤顔負けである。

安藤はボクシングだけでなくスポーツを見ることが好きだが、あるときボクシングよりも相撲の方が大変かもしれないと言う。ボクシングのリングは四角いのでコーナーができる。しかし相撲の土俵は丸い。コーナーのような逃げ場がないと言うのだ。格闘技をやった人にしか判らないリングと土俵の違いだ。相撲に入れ込んでいた時期には、大阪場所を見に行くこともあり、あるとき、当時のフランスのシラク大統領と二人で相撲見物をしている様子がテレビに映っていた。

安藤は、建築設計、事務所経営、社会活動の三つの柱を立てて活動している。もちろん最も注力しているのは建築設計だが、ボランティアにも熱心である。由美子夫人はそんな夫を支え、事務所の経理と管理、多種多様な社会活動の実際面でも手腕を発揮している。安藤事務所の所員は30名ほどであるが、この40年間、由美子夫人は所員の相談相手となり、事務所の価値観の体現者としてチーム力アップのための教育にも尽力してきた。所員の構成は、勤続30年以上の大ベテラン4名と20年選手6名、比較的若手の20名からなる。彼らは一人一人が大変優秀であり、仕事が早い。担当がはっきり分かれているため、それぞれの分野におけるプロフェッショナルである。したがって大きな仕事でも、若手が主担当になることも多く、この場合は、ベテランがスーパーバイザーにつく。必ずしも、年功序列のピラミッド型によってチームが編成される訳ではない。外国の仕事は、主担当者が最後まで責任を持って仕上げるという仕組みである。経費という点でも合理的であり、この方式で失敗したことはないという。担当者のプレッシャーは大変なものだと思うが、その代わり給料は高い。建築事務所としては破格に高いと思う。

所員たちの自己研鑽も実践的である。土曜の午後は若手所員たちが外国人チューターを雇って英語の勉強会を開いている。内容は実務的で、契約書の作成法などに関するものである。実際に、海外との仕事の契約書は自分たちで作成し、これまで弁護士を使ったことはないという。安藤自身は英語を話さない。外国での講演会では、バイリンガルのスタッフや、ときには留学生を現地で調達して通訳に使う。パーティーでは、由美子夫人が横にいるので問題はない。

安藤事務所の建物は、吹き抜け空間を軸にしてツリー状に構成されており、安藤は事務所の根っこである吹き抜け空間の底に陣取り、要件に応じて所員を呼ぶ。模型製作などの作業場は地階にあり、安藤の声が聞こえる以外は平静で、大きなコンペでも事務所全体がお祭り騒ぎになることはない。夜も比較的早く終わる。建築事務所によっては、昼夜を分かたず、というところもあるのだが、安藤事務所の夜は比較的早い。

安藤夫妻は時折、散歩をするために京都に出かける。特に年末から年始にかけては京都で過ごすことが多いという。しかし谷崎潤一郎描くところの『細雪』の時代も過ぎて久しく、安藤夫妻は織田作之助描くところの『夫婦善哉』という風でもないので、二人が底冷えのする年末の京都で何をしているのかは不明である。

似た者夫婦とよく言うが、少なくとも二人の経済感覚はどこか似ている。安藤は昔から金に困った様子はない。かといって厳格に家計簿をつけているはずはない。もちろん無駄遣いはしないが、資産を増やそうと努力しているわけでもない。由美子夫人も同様である。事務所の運営においても同じような姿勢を感じる。安藤は金銭感覚が鋭く、予算の範囲で仕事を収める能力が抜群である。

報酬という点については、哲学者のスラヴォイ・ジジェクが、探偵小説のジャンルによる興味深い事例を指摘している[6]。シャーロック・ホームズのような古典的探偵とフィリップ・マーロウのようなハードボイルド探偵とでは、金銭感覚も報酬の受け取り方も、そしてなによりも、お金の意味がかなり異なるというのだ。ホームズは、報酬は基本的にきっちりと受け取る。取れるところからは十分な報酬を受け取る。事件は解決してもなお難しい人生は続く。だからこそ事件につきまとうある種の呪いときっぱり縁を切るために、報酬という名の手切れ金が必要なのだ。一方、ハードボイルド探偵は、殆ど報酬を取り損ねる。事件を解決するための経費を自分で支払ってしまうので、いつも貧乏をしている。事件に対して命がけで立ち向かうのだが、どこかボランティアのようで、むしろ金を軽蔑している。そこがまた魅力的なのだが。

安藤自身についてはどうだろう。彼はボクサー出身であるとか、キレ易いとか、狭小な住宅でもやってくれる庶民の味方であるとか、「住吉の長屋」以前には、マーロウの生みの親レイモンド・チャンドラーの「強くなければ生きていけない。やさしくなければ生きていく資格がない」といったハードボイルドなイメージが流布されていた。私自身もそのような文脈で彼を紹介したこともあるのだが、ここはもう少し正確に記述しておきたい。

安藤は確かに、脇目もふらずに建築制作に没頭する。建築に対する熱い姿勢からは、純粋な浪漫が感じられる。だからといって彼をハードボイルド型の建築家と決めつけるのは早計である。冷静な金銭感覚と施主との距離の取り方は、非常にクレバーだ。報酬はきっちり受け取るが、必要だと判断すれば、自分で支払ってでもデザインの筋を通すこともある。しかし、情に流されることはない。彼はプロフェッショナルなのである。

## 人とのつながり

ハードボイルドなイメージと連関して、安藤は若い頃から「さん」付けで呼ばれていて、どこか親分肌の面を持っている。だが彼は古いタイプの親分と言うよりも、より近代的なリーダーシップとガバナンスの人だと思う。

日本社会における人間関係は感情的な紐帯が強く、能力主義に基づく契約関係が希薄である。能力や成果よりも、子分を性格的に把握し、面倒見のいい人がリーダーと呼ばれる。そうなるとリーダーは子分に気をつかって、強い決断ができない。

安藤は能力主義、合理主義の人である。したがって、組織論においても伝統的親分論とは異なるリーダーシップ論をもっている。安藤は、リーダーの要件として、時間軸では遠い将来を見つめ、現実面では世界地図を見ながら冷静な分析を行い、大胆な決断と結果責任を果たすことを挙げている。同時に彼は、明確には言わないが、事務所員に高いレベルのフォロワーシップを求めていると思う。規模に比して安藤事務所の活動量が極めて大きいのは、安藤のリーダーシップと所員のフォロワーシップが、かみ合っているからだろう。

チーム安藤のつくり方という点から安藤忠雄の活動を見てみると、まずチームの核となるのは安藤夫妻である。安藤は天才的なビジネス感覚の持ち主であり、人間関係においても経済感覚においても合理的な考え方のできる人である。一方、由美子夫人は少し古風な考え方を持ち、鋭い観察力によって、丁寧な人付き合いができる人である。このような暖かみのある合理主義が安藤夫妻の強みである。そして所員たちだけでなく、留学生や外国のクライアントに対しても基本的に同じ姿勢で接している。昔風に言えば、義理と人情とお金は国際的にも通用する価値観なのだが、それだけではあまりにも粘土質の人間関係となって息苦しい。個人の特性を最大限に活かすためには、プライバシーの確保の上に信頼関係を築くことが大切である。安藤夫妻は人との距離の取り方が抜群であり、その意味で人生の達人であると思う。

例えば、大きな現場が終わった後に、現場の監督さんや職人さんたちによるＯＢ会を開催している。これは安藤の発案によるものであり、多くの人をもう一度呼び集めるには強いリーダーシップが必要だ。しかも単なる情報交換会に終わらないのが安藤らしいところで、実際に、建設会社を定年退職した人の中で時間のある人には、海外の現場で指導に当たってもらうこともあるという。定年後の再雇用などを考慮した先駆的な取り組みである。安藤事務所を早くやめた所員に手伝ってもらうこともあれば、ときには、展覧会用の模型製作などのため、大学に声をかける。しかし、単なる下請けやアルバイトでは学生もモチベーションが上がらない。海外にも派遣し現場での展示に参加させ、製作者の記名を行うなど、学生と事務所の共同制作であることを明示していく。このようにして、事務所の規模以上の活動量が確保される仕組みをつくっている。

1992年のセビリア万博の日本館の場合には、国際的なチーム編成を行っている。大阪万博以来、万博といえば堺屋太一を想起するが、セビリア万博のときも、総合プロデューサーに堺屋、日本政府代表として当時のソニー会長の盛田昭夫を擁したコンペの結果、安藤の案が選ばれて日本館を建てることになる。安藤は日本の木の文化を表象する建築をつくりたいのだが、スペインは石の文化であり、巨大な公的建築を木造でつくるための法的整備ができていなかった。苦労の末に許可を得、木造大架構を万博らしく国際的な職人チームでつくり上げようということになった。そこで日本の大工さんをはじめ、スペインやモロッコ、フランスからも職人を集めて国際混成チームを編成し、木材もアフリカなどから取り寄せ、納得がいくまで話し合ってから工事に取り掛かったということだ。工事中に湾岸戦争が勃発して完成が危ぶまれたが、無事竣工に漕ぎ着け、ジャーナリストからの関心も高く、反響も大きかったという。

こうした努力は、通じる人には通じるもので、万博の会期中に、イタリアのベネトン社の総帥ルチアーノ・ベネトンから、トレヴィゾにある古い館をアート・スクールに改築する仕事の依頼があった。このとき安藤は、歴史家、構造家、設備技術者からなる国際チームを編成してプロジェクトに臨んでいる。このチームは後に、イタリアのヴェネチアやミラノ、ボローニアでのいくつかの仕事を実現した。フランスの実業家フランソワ・ピノーと安藤が共同で勝ち取った事業、イタリアのヴェネチアにおける歴史的建築物の保存、修復、改修のプロジェクトである「プンタ・デラ・ドガーナ」改修計画を無事成功させたのも、同じチームであった。

安藤はまた、多くの有名人との付き合いがある。例えばノーベル賞受賞者の山中伸弥や野依《のより》良治、小柴昌俊、福井謙一、数学者の広中平祐、さらには阪大・京大・東大の総長といった最高学府のトップたちとも親しい。分野違いの研究者とどのように知り合ったのか判らないが、山中教授の研究基金を集めるためにいろんなアイデアを練っている。野依良治は安藤の主催する財団の理事である。安藤は利根川進とも親しく、ボストンの家にも遊びに行ったという。安藤から東京理科大の藤嶋昭学長の名前を聞いたときはさすがに驚いた。

財界人との付き合いでも、サントリーの佐治敬三や京セラの稲盛和夫のように、施主としての立場を越えて、安藤を応援してくれた人もいる。ユニクロの柳井正や積水ハウスの和田勇《いさみ》

安藤忠雄「上海保利大劇場（上海オペラハウス）」 2014年
撮影＝小川重雄

会長、大和ハウスの樋口武男会長には、ボランティア活動に協力してもらっている。近年は外国からの設計依頼が増えているが、韓国ではサムスン、現代、LG、ハンファなどの財閥企業、中国からはオペラハウスを依頼してきた上海のような自治体や、アリババの会長ジャック・マーなどとの付き合いも始まっている。

ヨーロッパでは、建築家と財界人がチームを組んでコンペを行うことも多く、安藤事務所とピノー財団の組み合わせは勝ち組として有名である。しかし英語を話さない安藤と外国のクライアントとの信頼関係はどのように築かれるのであろうか。ルチアーノ・ベネトンは、「ベネトン・アート・スクール」が完成したときに「安藤さんは非常にリッチな気持ちにさせてくれる人」[7]と述べている。仕事を白紙で任せても、納得させてくれるのが安藤という建築家であり、このプロジェクトを発注したのは「何より彼と一緒に経験を分かち合いかったから」というのである。

## 環境整備という課題

社会活動のためには、大会社のビッグネームは強い味方であるが、安藤は市民をはじめ多くの人たちが参加できる植樹活動にも熱心に取り組んでいる。阪神淡路大震災後、神戸では鎮魂のために春に白い花の咲く木を植え、淡路島では大阪ベイエリアの埋め立て用に土砂を採集した跡地に緑を取り戻し、産業廃棄物から瀬戸内海を守るために豊島《てしま》などの島々に小学生と共に植樹活動を行っている。さらに狭山池の周りにも桜を植樹しているが、その効果として珍しい蝶の楽園が生まれ、地元の多くの年配の方々がボランティアとして花と蝶を守っている。

安藤の植樹や環境整備に関する意欲は、大阪都心部においても盛んである。市の中心部を流れる大川に桜宮橋《さくらのみや》、通称銀橋と呼ばれる橋がある。大阪名所の一つであり、大阪育ちの安藤もこの橋の近くで祖父と撮った小学生の頃の写真がある。完成は1930年（昭和5）、設計は武田五一である。それから75年の年月を経て、安藤は新たな桜宮橋の設計を監修することになる。この橋の増設計画が持ち上がったとき、安藤は旧桜宮橋を保存し、新たな桜宮橋を設計する案を提示した。現在は桜宮橋と新桜宮橋が仲良く並んで架かっている。安藤は従来の橋のイメージを大切にし、シルエットは同じようにして最新の技術を用いた橋を実現したのである。

これをきっかけに、一つの物語が始まる。桜宮橋の近くには造幣局があるが、ここは「通り抜け」の名で親しまれている遅咲きの桜の名所である。安藤はこの桜並木を大川の上流から中之島を経て大阪湾まで延伸させようという壮大な植樹計画にとりつかれた。これを「平成の通り抜け」と名付けて、市民からの寄付によって実現しようというのだ。近くには江戸時代に賑わった天満橋の八軒屋の船着き場がある。彼はここの修復整備計画を実行し、人々の記憶の中の歴史を具体的な風景としてよみがえらせただけでなく、生活の中に親水空間を取り戻したのだ。川には遊覧船が運航され、両岸には一人一万円の寄付を募り市民の手による3000本の桜並木を創り出した。大阪の街は静かに、そして着実に自信を取り戻しつつある。

中之島のシンボルとなっている建物に、「中之島公会堂（大阪市中央公会堂）」がある。安藤はこの建物の建設費を寄贈した「北浜の風雲児」こと相場師の岩本栄之助（1877〜1916）の生涯に感銘をうけ、保存活動に尽力してきた。安藤は、建築だけでなく、植樹や親水空間の再生、歴史的建造物の保存計画、環境デザインなどを通じて、都心部の活性化にも尽力しているのである。

しかしそもそも、オリーブやドングリ、白い花や桜を植えることは建築家の仕事なのであろうか。安藤自身も、自分の強固な建築美学と環境整備という二つの課題に立ち向かうことの困難さを認めている。これに対して鈴木博之は、「安藤行基説序説」で次のように述べる。

普通に考えれば、自然環境の回復を目指した彼の運動は、社会的活動であり、建築家の本業ではないと見なされる。安藤はすぐれた建築家であると同時に、すぐれた社会活動家なのだということになる。しかしながら安藤は、建築活動のかたわら社会活動を行っているのではあるまい。彼にとってふたつの活動は、密接に結びついている。そしてそこにこそ、安藤忠雄という建築家の本質がある。(8)

安藤と知り合ってから、かれこれ40年になるが、事務所での様子はまったく変わらない。世界的建築家となった今日、多くの国の金持ちが安藤ブランドを買いに来る。海外での仕事が増え、依頼される建築はますます大きくなっているものの、安藤は超高層や巨大建築にはあまり関心がない。彼はいつも、「建築になるのは2000坪くらいまでだ」と言っている。あまりにも巨大な構築物や超高層ビルは建築にはならないと考えているのだ。それでもなお、巨大建築とは何か、を研究している。こういうところが安藤の偉いところだと言ってしまえばそれまでだが、受け入れがたい事象についても、納得いくまで考え続ける性分なのだ。

最近、彼は、事務所からの帰り道、高層ビルの足下にある小さな木々に水を遣っている。街なかで小さな命を見つけたときは、思わず反応してしまうのが安藤だ。巨大建築と小さな生き物は、彼にとっては等価なものなのかもしれない。

右｜桜宮橋の畔で撮影された母方の祖父・安藤彦一との1枚。安藤はこの彦一とキクエ夫妻に育てられたが、彦一は安藤が小学校に上がって間もなく亡くなった。
上｜安藤家の愛犬コルビュジエと、ありし日のフミ。

1970年10月、安藤忠雄と加藤由美子が結婚。向かって右から北山朝子(忠雄の母)、加藤泰(由美子の父)、安藤キクエ(忠雄の祖母)、由美子、忠雄、加藤フミ(由美子の母)。

上┃1982年、米国シャーロッツビルでの国際建築会議「P3」にて。最前列右より伊東豊雄、ロバート・スターン、2人おいてスタンリー・タイガーマン、フランク・ゲーリー、1人おいてシーザー・ペリ。2列目右よりハンス・ホライン、磯崎新、安藤忠雄、フィリップ・ジョンソン、ラファエル・モネオ。安藤の後ろにリチャード・マイヤー。
下┃こちらは1986年、シカゴで「P4」会議が開かれた際の写真。右より安藤、ゲーリー、ピーター・アイゼンマン、タイガーマン。

## 07

# 三つの決断と二つの発見

東洋の英知『論語』には、子のたまわく「吾れ十有五にして学に志し、三十にして立つ」と記されている。そして、四十にして惑わず、五十にして天命を知る、六十にして耳順《したが》う、七十にして心の欲するところに従って、矩《のり》を踰《こ》えず、と続く。今七十歳を超えた安藤は、人生の節目にどのような決断をし、どんな選択をしてきたのであろうか。

安藤忠雄は、早熟な人生を送ってきた人である。祖母と二人の生活の中で、子供というより小さな大人として人生を始めるほかなかった。通常の子供時代を省略してしまったと言ってよい。戦後日本の時代背景もあり、彼は一人で生きていくことを早い時期に自ら学ぶことになる。安藤少年は町工場に出入りしながら、天才的な形態認知能力を身につけ、社会人としての実践力を磨いていった。今なお彼には、どこか大人びた少年といった面影があり、私的な行動や話し方には少年らしさが顔を出す。ふとしたきっかけで安藤少年が回帰してくるのだ。

安藤少年は、十代のはじめに町工場でものづくりの根本と実情を身体で修得し、その後安藤青年となって一人で海外を旅し、建築家を志す。そして三十を目前にして大阪に建築事務所を開設する。而立のときから次の不惑の境地に至るまでには、いくつかの人生の決断が待っている。

## I 安藤は大阪弁で出来ている

彼は、天才的な造形感覚や鋭い経済感覚によって順調な人生を送り、建築家として成功した。ものをつくり、立派な建築をつくることについては彼には悩みはない。やりきるだけだ。もし彼を悩ますことがあったとすれば、それは言葉との葛藤ではなかろうか。

安藤忠雄は大阪の建築家である。多くの人が、疑いもなく彼は大阪を代表する人であると考えている。世界の建築関係者もまた、安藤は大阪人であることを知っている。筆者もそのことに異論はないのだが、大阪生まれの大阪育ちであるからといって、自動的に真正の大阪人になれるわけではない。安藤はどこかの時点で、大阪人になることを決心したのである。

中野重治に「歌のわかれ」という小説がある。上京して大学生となった主人公は、それまでたしなんできた短歌の世界との決別を意識することになるのだが、人は誰しも成長の過程で、そんな「歌のわかれ」というべきものを意識する。

たとえば思想家の林達夫が旧制一高時代に書いた「歌舞伎劇に関するある考察[1]」には、少年期の体験を振り返り、歌舞伎の心地好さや生温かな甘美な生活を捨てるべし、という美的生活との決別とともに、自らのその後の人生について「洋学派宣言[2]」が表明されている。人は、子供時代から青年時代に移行するとき、幼年期に無意識的に体験した事柄を、意識化し、言語化し、ときには打ち捨てて青年期を迎える。ゆりかごで聞いた子守歌との決別である。林達夫のような文化的巨人の若き日の決断は記録に残るが、我々の場合には、大学入学や親元を離れての下宿といった社会システムの中でその時期を迎えることになる。

だが安藤の場合、彼のゆりかごは、大阪という町であり、下町の町内会であった。誤解を恐れずに言うならば、彼は町によって育てられた子供であり、周りの大人に混じって自立への準備を始めた人である。安藤にとっての「歌のわかれ」は、果たして大阪との別れを意味しているのであろうか。心地よい大阪、ゆりかごのような大阪を捨てることになるのだろうか。実際、建築家として世界へ飛翔するチャンスが訪れるにつれて、安藤は自分が育ったゆりかごとしての大阪を、客観的に意識化せざるを得なくなる。

安藤にはじめて会った１９７０年代後半の頃、我々は大阪の町や人情について語りながら、梅田や北浜界隈を歩いたものだ。言葉の端々から、彼の大阪に対する愛情が素直に感じられたのだが、しばらくして大阪の話題に東京が混入し始める。一時期は会うたびに大阪と東京の話をしていた。はっきりと言わないので話が堂々巡りになっていったのだが、もしかすると彼は東京に事務所を移すことを考えているのではないかと思うようになった。

だが、安藤は熟考のすえ東京に活動の本拠地を移さなかった。というよりも改めて大阪を拠点に活動する決心を固めたのである。最終的に彼の気持ちを落ち着かせたのは、ケネス・フランプトンが１９８０年代に提唱した「クリティカル・リージョナリズム」[3]という一言ではなかったかと思う。

「クリティカル・リージョナリズム」とは、直訳すれば「批判的地域主義」である。当時、安藤は、世界に飛躍するためには、大阪に留まるべきか、東京に移るべきかを考えていたと思われる。経済的かつ合理的に判断すれば東京に移るべきかもしれないが、生まれ育った大阪の町を出ていくのは忍びない。そこに「クリティカル・リージョナリズム」という考え方が提示されたのだ。それは、端的に言えば、地域主義を徹底することが国際性を獲得するための最も現実的な方法だという考え方である。グローバル化が叫ばれる今日でこそ、日本と世界を結ぶ橋渡しの鍵は地域個性にあること、あるいは魅力ある地域コンテンツだけが国際性を獲得できるということは、多くの人が認めるところである。だが当時は土地に密着した建築という領域において、どのように国際性を獲得するかがあまり見えていなかった。

安藤は当然、大阪の人間関係や文化や経済と世界における東京の位置を考えたと思う。しかしこれは企業の立地問題ではないのだから、いくら分析的な比較考量を行っても結論は出ない。安藤は「クリティカル・リージョナリズム」の一言に、自分のその後の生き方を方向付ける指針を直感したのである。彼が地域と世界の橋渡しを着実に実行していくことになるのも、自らの行動の方向性をきちんと概念化できたからであり、若い頃の外国への一人旅の体験が人生の栄養剤としての効果を発揮しはじめたからである。


今日もタクシーの運転手が「大阪のおばちゃんは、無形文化財に登録するべきやと思う」などと言う。大阪のおばちゃんは、よく三人でタクシーに乗ってくる。なぜかアメをもっていてタクシーから降りるときには、それをくれる。そして必ず、このアメは喉に効くから、寒なったら食べてや、という能書きまでついている。この小さな親切、大きなお世話こそ、世界に類を見ない大阪人のキャラクターであり、これこそ無形文化財だという主張だ。

安藤はそんな大阪の庶民から慕われている。どこに行っても人気者だ。彼は、この人たちと一緒にいることを選んだのだ。それが「クリティカル・リージョナリズム」なのかと問われれば、それも一理だと言い張れる決断をしたのである。もちろん、東京にノーを突きつけた訳ではない。結果からいえば、東京の建築家仲間と毎晩パーティーに出る生活は勘弁してほしいというだけの意味であり、新幹線で2時間半の距離はまことに適当だということだ。実際には、今も毎週東京に出かけ、多くの建築を建てている。

近代建築は、伝統的な建築や歴史様式的な意匠を否定したところから誕生した。合理的で抽象的な議論から生まれ、自らを普遍性に基づいたグローバルスタンダードの建築と自負していた節がある。一方、個々の建築は地球上の一地点を占有しているという事実から、地上に二つとして同じ建物はない。土地に縛り付けられているという立地特性は、建築の宿命なのだ。だが近代建築が普遍性と国際性に注力するあまり、土地と建築の関係は軽視されがちであった。地域文化に根差した建築本来の姿を回復すべしという主張は、近代建築批判の主要な論点の一つといえよう。

「クリティカル・リージョナリズム」は一般的な概念のように見えるが、安藤とフランプトンの大阪での夕食会の会話から推測すると、フランプトンは、北欧の建築家アアルトらだけでなく日本の安藤も念頭においてこのキーワードを提唱したと思われる。実際、安藤建築のコンクリートからは強く日本が感じられるからだ。その日本的美はヨーロッパでも高く評価され始めていたし、安藤の強い個性は、大阪ローカルを突き抜けて世界に羽ばたく予感がしていた。これらを総合的に一言で表した言葉が「クリティカル・リージョナリズム」ではなかったかと思う。

そして安藤はその語感から、「ローカリティ」「ナショナリティ」「インターナショナリティ」の三つはほとんど同義であることを直感する。安藤は、大阪が世界と直接つながっており、必ずしも、東京を媒介にして情報発信する必要はないのだと考えるようになっていった。結局は自分の実力次第なのだと思えるようになったのだ。同時に、安藤は関西の建築界に対しても、一定の距離を置くようになっていく。逆説的ではあるが、彼はいつも、自分にとって心地の良いものには、注意すべしと考えている。フィンランドの簡素なモダニズムに対しても、印象派の絵に対しても、そして大阪という町に対しても、好きなものには懐疑的であり、対抗するものをベンチマークとして参照する癖がある。

関西建築界は、戦前から自由闊達な雰囲気の中で形成され、互いの親睦を深めてきた。村松貞次郎の『日本建築家山脈』を再び参照すると、関西建築界は、明治期を通して東京大学を卒業して関西にやって来た建築家たちで構成されていた。(4) 関西建築界にとっては幸運な人事が続き、片岡安、武田五一といった第一世代、さらには、明治末から大正初期に関西に来た、渡辺節《せつ》（1884～1967）、長谷部鋭吉（1885～1960）、安井武雄（1884～1955）、波江悌夫《やすお》（1885～1965）、置塩章《おしおあきら》（1881～1968）、竹腰健造（1888～1981）といった人たちも、関西を愛し、関西を楽しみ、素晴らしい建築を残し、人材育成においても関西建築界の基礎を築いてくれた。彼らは、建築の社会性や経済性といった側面にも展望の利く人たちであり、1917年（大正6）に大阪で設立された日本建築協会はそうした関西建築家のサロンであった。大阪は特段に強い派閥もなく自由な風土であるからこそ、安藤も芽を出すことができたとは思うが、彼自身はこうしたサロン風の集まりは好みではない。雰囲気が出すぎている、という訳だ。

関西には昔から上手な建築家が多い。建築界における関西風味とは、うまさを競う風潮を指す。その結果、造形的にも技術的にも芸の域に至ることを誇りとする風土がある。特に明治から大正初年までは、西洋建築の受容期であり歴史様式やその折衷の技法が主流であったがゆえに、うまさは重要な職能上のポイントだった。昭和戦前期に近代建築が導入されたときも、理念先行ではなく、現実的にデザインのうまさで料理しながら取り入れていった。近代建築を特別扱いせずに、新たな様式としてデザインしていくという姿勢が見られたのだが、安藤は建築の造形美を芸として究めていくという姿勢には否定的である。彼は大阪の建築家も大阪の町も大好きなのだが、その中に完全に浸ってしまうことを避けている。同じく阪神間の住宅地が大好きで大いに評価しているのだが、自分自身が神戸の港を見ながら仕事をすることは避けている。好きな環境や良い環境の中で雰囲気に浸っていると、たちまち一日が過ぎ去って仕事にならないからだ。「神戸の誘惑」などと言っていたが、彼は良いと思うことと自分がその一員になることを峻別している。

安藤忠雄の建築を見れば、日本的な感性や日本文化が感得されるのだが、このことは19

79年のヨーロッパ旅行のときにはっきりと確認できた。パリやロンドンの建築雑誌編集部での反応が素晴らしかったからである。西欧の鏡に移った自分の姿を見て、彼は自分の建築の中に、大阪という地域特性と西欧から高く評価される日本文化という特性が埋め込まれていることを自覚したと思う。近代建築の普遍性や国際性の中に日本や大阪の文化の固有性が潜在していることが再確認できたのだ。

実は国際性と日本の固有性という主題は、日本の建築界にとっては戦前からの課題である。戦中期は、ナショナリズムと近代化の議論が絡まり合って論点が複雑化していたが、戦後になって次第に整理されていった。

1964年東京オリンピックの年、建築史家の神代《こうじろ》雄一郎(1922〜2000)は、戦後の日本建築界を振り返り、モダニストの建築家の中でも、コルビュジエに学んだ坂倉準三(1901〜69)や前川國男(1905〜86)は華々しく活躍しているのに、バウハウスに学んだ山脇巌《いわお》(1898〜1987)や水谷武彦(1898〜1969)らの影が薄いように見えるのはなぜだろうという問題を提起した。神代自身の答えは「バウハウスには実は建築教育はなかった(5)」というものである。バウハウスの造形教育では、構成練習、色彩演習、フォトモンタージュ、家具製作などを実習したのだが、最終段階の建築には至らず、デザインと建築の差異は超えることができなかった。

一方、コルビュジエの系列は、坂倉、前川、そして続く世代が丹下健三である。モダニズムの建築家にとっては、日本文化との融合が最大の課題であった。神代雄一郎は、丹下健三の強みは、「伝統的な木造は捨てたけれども、日本は捨てなかったところ」(6)にある、と指摘している。堀口捨己《すてみ》(1895〜1984)や吉村順三(1908〜97)のコンクリートには木造の和の香りが残存しているが、丹下はすっぱりと木造を捨てたからこそ、彫塑的なコンクリートの使い方ができたという指摘だ。丹下は、鉄筋コンクリートによって日本をどう表現するかという問いに、最も納得のいく解答を出した建築家ともいえよう。丹下が本当の丹下健三になるには、木造を捨てること、同時に日本は決して捨てないこと、この両方がともに実行されなければならない。ここは安藤の価値判断と酷似していると思う。

安藤は、国際性と大阪性を橋渡しするとき、何を媒体にしているのであろうか? 安藤の肉体はボクシングで出来ているが、彼の精神は大阪弁で出来ている。彼の最大の武器は実は大阪弁である。彼の独特の大阪弁は、我々関西人には理解できても、果たして世界の建築界に通用するものであろうか? 驚くことにこれが通用しているのだ。世界のどこに行っても、あふれんばかりの聴衆は、笑うべきところでは笑う。外国で笑いを取るのは難しいことであるが、彼はスライドとワンフレーズの説明を組み合わせてテンポよく話を進める。実際、過去と現在と未来とか、単純な話題を対比させながら、たたみかけるように話を進め、全体としては地球環境といった大きな主題に向かう。必ずしも物語の展開にこだわってはいない。安藤らしい話し方だ。会場全体が安藤体験といった雰囲気に包まれ、感覚的に主題が共有される。これは歌手のステージに近い。

安藤は日々の講演会で実践的に経験を積んでいるため、歳を経るにしたがってどんどん話がうまくなっている。建築家が噺家になってはいけないと心配しているくらいだ。彼は落語家にも知人が多く、たとえば六代桂文枝師匠とは家が近くということもあり、三枝時代からの旧い付き合いである。大阪ことばは、安藤にとって重要な表現手段であり、本音を柔らかく、ヒューモアを交えて伝達することによって、彼のイメージ形成に多大な役割を果たしている。建築領域における専門的で込み入った話題を判り易く伝えるためには、大阪弁は必須のアイテムなのである。

## Ⅱ　ポストモダニズムへの別れの手紙

安藤忠雄は1980年代の後半にポストモダニズムには関与しないことを公言した。これは勇気ある決断である。ポストモダンは早晩終息するという安藤特有の読みもあったと思うが、そもそも彼の建築観からして、ポストモダンの知的背景、近代を根本的に解体構築するための知的ゲームは自分の本務ではない、ということを表明したかったのであろう。納得できないことはやるべきではない。それが安藤の判断基準である。しかしポストモダンとの関係整理は、理念的な建築観にとどまらず個人的な人間関係にも波及していく。

1980年代を通じて、安藤はピーター・アイゼンマン（1932〜）との親交を深めていた。アイゼンマンが大阪で講演をするときなどは、安藤と二人で甲子園球場に出向き、講演会には阪神タイガースの帽子をかぶって登場してくるといった具合であった。

アイゼンマンは実験的な作品によって一世を風靡したアメリカの建築家である。同時に、理論家として近代建築を根本から解体構築する論を展開し、若い建築家や研究者を惹きつけていた。実際、彼の建築作品は解体構築の理論と符合しているのだが、社会的なステートメントや歴史的な論法ではなく、形態分析という空間の認知分析法を開発し、新鮮で魅力的なデビューを飾った。1970年以降の近代建築批判に関する言説はかまびすしくなり、百家争鳴の中にあって、彼の理論と作品は際だっていた。デザインボキャブラリーは多様化し、近代建築が地味に見えるほど華やかな作品が発表されると同時に、理念や考え方も非常に多様化していった。近代建築の変容は誰の目にも明らかであった。

多くの人が近代建築を批判したが、次に来る時代を一つのデザイン様式に束ねることはできそうになかった。近代建築が誕生したときのような、強力な理念や建築実例が見つからない。

「ポストモダニズム」という用語は、そうした時代状況をそのまま表記したものだ。歴史の流れは、モダニズムからポストモダニズムの状況へと変化しつつあるというのが自然な見方であり、多くの人たちの認識であったのだが、安藤はこれとは少し異なる観点を見いだしていた。建築の正道はものづくりにあり、この道は続いていく。ポストモダンという脇道が見つかったからといって騒ぐほどのことはない、という立場に立ったのである。
1989年、雑誌「SD」誌上において安藤はアイゼンマンに公開の手紙を送り、自分の建築に対する基本的な立場を明確にした[7]。

「安藤からアイゼンマンへの手紙」1989年4月11日
さて私はあなたと、この数年間、親しく交流させていただいてきたわけですが、その間私がずっと心を打たれつづけてきたことがあります。それは、あなた自身の姿勢―常に激しく思考している姿でした。私にはそれが思考こそはすべての闘争の起源であるという表明のように感じとることができるのです。もちろん私もまた、……建築の新しい地平を切り開くためには、根源的な問題を問い掛けつづける必要がある。私はそういう私自身の立場を、あなたの建築に対する姿勢にスーパーインポーズしつつ共感を感じているのです。
……あなたの仕事と私の仕事は一見して明らかに異なっている以上、そこに深い亀裂あるいは差異を感じとらざるをえません。その共感と差異について、私はとても興味をもっています。……

いつかあなたが話してくれたことの中に、日本的な自然観や東洋的理性の問題があったように記憶しています。そして御存知のように、私は建築の基盤としての自然と幾何学について考えつづけてきました。……

……この10年ばかりの間、建築界を席巻してきたいわゆるポストモダニズム、様式論、形態論などではすでに建築の本質的変革を図ることは不可能ではあるまいか、という認識に私は立っています。それゆえに今日、建築の根源的な問題としての自然と人間との関わりを深く問い直し、硬直した状況を乗りこえるべきではないかと考えているのです。

「アイゼンマンから安藤への手紙」１９８９年6月11日

……あなたの手紙は十二分に刺激的なものでした。

それは私達の互いの建築の相違の全体を明確にする、あるいは少なくとも幾つかの相違点を明らかにするであろうような論旨だったたからです。

……当面の課題は、この新たな現実とは何であり、それを体現する建築とはいかなるものなのか、ということでしょう。そのような現実とは多様なものであり、したがって、多様で濃密な建築が要請されるというのが私の考えです。一方あなたの方は、純粋な建築（実際には純粋とはいえないが）こそがそうした現実を表現しうると思われているようです。あなたの建築の形態は明らかに純粋であり、私のそれは明らかに多様です。このことは私達二人の建築の相違を考える上での、ひとつの手がかりとなろうかと思います。表現を変えるなら、あなたの建築を理性の明快な抽象化として捉えることができるとすると、その反対に、恣意的なものの非決定性ないし必然性が私の作品の根拠となっているのではないのかということです。最後になりますが、あなたの作品において、形態の構築とは、私とは違って、いかにして、いかなることを意味するのか、それをあなたへの質問にさせていただきたいと思います。

……またお目にかかるのを楽しみにしています。由美子様によろしくお伝えください。

「安藤からアイゼンマンへの手紙」１９８９年６月28日

私はあなたの建築的アクティヴィティを、驚嘆をもって見ています。ほんのわずか前の自分の仕事さえ解体し乗りこえ、つねに既知の観念を脱臼させようとしています。それは、あたかも永久に権力の座につかない理想の革命家の姿ではないでしょうか。そしてあなたをこれほどまでに熱中させているもの、すなわち建築と言語の並走の極限的追求であることの〈知〉のゲームがいずこへ至るのか、私は期待をもって見ているのです。……

今回の往復書簡によって、あなたと私との間の距離がかなり明確に計測されたことは、とても大きな収穫だったと、私は思っています。……

いつまでも、あなたの若々しいエネルギーが、私に刺激をあたえ続けてくださいますように。

事実上、これがアイゼンマンとの別れの手紙となったのである。両者の違いを端的に言うなら、安藤の建築形態が純粋であるのに対して、アイゼンマンの建築形態は多様である。安藤の建築を理性の明快な抽象化と捉えるならば、その反対に、アイゼンマンの建築は、恣意的なものの非決定性ないし必然性が根拠となっている。このことが二人の間で共通に認識されたのである。

あえてコメントするならば、安藤は建築家だが、アイゼンマンは理論家であるという印象をうける。安藤の作品は、明晰、純粋、抽象的であり、理性的な建築であるが、彼の関心事は、自然や環境といった日本の伝統的な主題にある。アイゼンマンは、根源的で、深い分析を要する空間論を探究していたが、作品においては、多様な現実を建築化するといった具体的な主題に関心があったのである。

アイゼンマンの初期の作品はモダニズムの極致ともいうべき建築である。雪原の風景がよく似合う白いネオ・コルビュジアン風の住宅であったのだが、ときがたつにつれ形態はより複雑化し、いわゆるポストモダン的な造形となっていく。多様で過剰な造形言語を駆使した建築である。安藤の建築とは対極にある作品であるが、安藤はアイゼンマンの作品を否定しているわけではない。作品についてはお互いに認め合っているのだが、その背後にある建築に対する考え方が、安藤の志向する建築観とは相容れないことが明らかにされたのである。アイゼンマンは建築論において重要な業績を残した人である。そうした理論と実作を強く関連づけた業績は歴史的にも意義深いものといえよう。

アイゼンマンは、現実は多様だ、ということが言いたいのではない。そうではなくて多様性とは論理的な非決定性によって産出されるものであり、論理学や数学基礎論の成果もその点を強く示唆しているということを主張しているのだ。彼はさらに、幾何学的な明晰性も、単純自明な図柄も、突きつめていけば決定不能な知覚が生み出されることを建築空間において実証したのである。コーネル学派の形態分析と言われる方法論である。

論理的な非決定性とは、よく知られた事例で示せば次のようなものである。

「私は嘘つきである」という文から、私が正直者か、嘘つきなのかを判定しようとすると、決定不能になってしまう。もし私が正直者ならば、この文は正直な言葉であるから、私は嘘つきになってしまう。もし私が嘘つきならば、この文は嘘なので、私は正直者になってしまう。結局、私は正直者なのか、嘘つきなのか、が判定できない。決定不能となるこの小さな文章は、さらに大きなスキャンダルを引き起こすことになる。ゲーデルの不完全性定理である。

クルト・ゲーデルは「数学は、自分の整合性を自分で証明できない」ということを証明した。この文章は落ち着いて読まなければならない。数学は整合であるのだが、その整合性を数学は自ら証明することができない、ということが証明されたのである。

レイモンド・スマリヤンという論理学者が、そのエッセンスを著書『決定不能の論理パズル』に展開している。

ある学生が神学の教授に「神は本当に存在するのですか？」ときいたところ、教授は「神は存在するが、君が神の存在を信じることはできない」と答えた。(8)


学生は教授の言葉を信じてはいけない。決定不能の奈落に落ち込んでしまうからだ。つまり、学生は自分の整合性を保持しようとすれば、教授の言葉を信じることはできない。逆に教授の言葉を信じるなら、学生は自らの整合性を信じられないことになる。

アイゼンマン宛の手紙の中で、安藤は「あなたをこれほどまでに熱中させているもの、すなわち建築と言語の並走の極限的追求であるこの〈知〉のゲームがいずこへ至るのか、私は期待をもって見ている」と述べていたが、その具体的内容とはどのようなものか。アイゼンマンが言うように、決定不能とは、一つに絞り切れないゆえに、AもBも真となる事象であり、多様性が生まれる原因となる。同じことだが、真偽が決まらないということは、真偽が振動することであり、曖昧という言い方もできる。

決定不能と振動と曖昧は、モダニズムからすれば、あまり良いひびきを持たない語である。

だがモダニズムを徹底的に突き詰めた結果、抽出された概念であり、ポストモダニズムが生まれるためのキーワードである。しかしそれは、芸術領域において、また建築において表現することができるものなのか。そこが問題だ。アイゼンマンは、決定不能であるがために振動を続ける状態を肯定的に捉え、硬直化した近代社会を活性化するために、建築にも振動という考え方を持ち込みたいと考えた。それはどのようにして可能か。また建築的な実例はあるのであろうか。

アイゼンマンがその事例に取り上げたのが、ミラノ北方コモ湖畔に建つ「カサ・デル・ファッショ」である。建築家はジュゼッペ・テラーニ（1904〜43）。私も安藤と一緒にこの建築を見に行った。建物の名称から判るとおり、政治的な色彩の濃い建物である。1936年に建てられた当時は、イタリア北部に支持者の多かったファシスト党本部であった。当時、ドイツではヒトラーが建築に多大なる意欲を示していたが、安藤も私もドイツ・ナチズムの建築とイタリア・ファシズムの建築を比較するといったことには興味がなかった。我々は、アイゼンマンがあれほど熱心に分析していた「カサ・デル・ファッショ」という建物の、形態分析の方法に関心があったのである。

話せば長いが、そもそも建築の形態分析というのはどのようなものか？　それは、コーリン・ロウ（1920〜99）というイギリスのカリスマ建築史家の論文集『マニエリスムと近代建築』に納められた透明性に関する論文に端を発しているる。原書では書名にもなっているその論文「理想的ヴィラの数学」[9]は、戦後すぐの1947年に発表されたもので、大変刺激的な内容である。パラディオが設計し1550年頃に建てられた「ヴィラ・マルコンテンタ」と、コルビュジエの設計により1927年に建てられた「ヴィラ・ガルシュ」というまったく異なる二つの建物が類似していることを、論理的かつ幾何学的に論証したのだ。とんでもない話だ。パラディオとコルビュジエを直接比較して互いに類似であるなどということを誰が本気で考えよう。だがこの着眼点は無視し難いほどに魅力的だ。

異なるものをレントゲン写真のように骨格に還元すれば、見かけ上の差異とは別に骨格の同相性を示すことができる。その見事な事例が、「ヴィラ・マルコンテンタ」と「ヴィラ・ガルシュ」の空間構造は等しいという、コーリン・ロウの研究結果なのだ。まさしく構造主義に先駆ける成果である。ここまでが話の前半だ。話題はモダニズムの範疇にある。本題はここからだ。アイゼンマンの多様性とポストモダンの議論はここから始まる。

右の論文から20年後。ロウ教授は、今度は一つのものが二つに分離する差異化という現象に着目して、「透明性―虚と実」[10]なる論文を発表した。「実の透明性」は、字義通りガラスや水などの透明性のことである。問題は「虚の透明性」だ。物質や材料を見たときに透明感が生じるメカニズムを解明し、透視図法を用いない絵画においても、つまりピカソやレジェなどのキュビスムの絵画にも奥行き感が生じる知覚のメカニズムを提示したのである。

「虚の透明性」とは、どのようなものか。一言でいえば、紙に書かれた絵の立体視のことである。絵の立体感は、透視図法で描かれた静物画や風景画などの奥行き感を典型とするが、実は、平面上のすべての図柄は立体的に見ることができるのである。単純な例は、画面に大きな丸と小さな丸を描く。この絵を見たとき、大小二つの丸が描かれていると知覚する。当然である。この絵をさらに眺めていると、大小二つの丸の間に遠近感が感じられるようになる。大きな丸が近くにあり、小さな丸が遠くにある、という知覚が生じる。大小の関係が遠近の関係に換わる。このとき大小二つの丸の間に想像上の距離、想像上の奥行き、想像上の深さ、といった感覚が生じている。これらは同じ一つの事象を言い換えたものであり、ロウが「虚の透明性」と呼んだものである。

アイゼンマンが、想像上の奥行き感発生のメカニズムを、作品に即して実証検分を行ったのが「カサ・デル・ファッショ」であった。我々もこの建物の入り口ホールに入っていこう。ホールは吹き抜けになっており、上部では大梁が直交している。トップライトから来る光は、この大梁の側面に沿ってホールに流れ落ちる。このとき、ホールの空気を光のナイフで切り分けていくような感覚がもたらされる。この空気の切断面が透明性なのだ。梁に沿って生じた奥行き方向と縦方向の空気の切断面は互いに譲らず、交互に振動することになる。縦横が定まらないこと。振動すること。曖昧であること。これが単純明快な建築から多様な知覚事象が発現し

ジュゼッペ・テラーニ「カサ・デル・ファッショ」の外観と吹き抜けホール
1936年　筆者撮影

てくるという意味である。

この建築の設計者テラーニは、イタリア社会の近代化を願って、近代建築特有の透明で明晰な建築をつくろうとしたのだが、アイゼンマンの解読は設計者の意図とは無関係に、明晰な幾何学を解体するほどに強力な空間知覚の発生方法を提示したのである。

安藤は、アイゼンマンの仕事をリスペクトしている。彼は自分の想像を超えた仕事をしている人は高く評価する。だが一緒に仕事をしたいかどうかは別問題である。コーリン・ロウやアイゼンマンの建築理論は、１９７０年代末頃には、日本でも雑誌「オポジションズ」を通じて知られるようになった。内容も表現レトリックも難解であったが、一部の若手研究者や建築家の間では熱狂的に読まれていった。そして１９８０年代半ばには「オポジションズ」誌も廃刊され、次第に下火になっていく。この頃、安藤はアイゼンマンに、ポストモダンとの別れを告げたのだ。

安藤は、言葉が建築を超え、建築を支配するような状況は不健康であると考えたのではないか。彼は、ものづくりを原点とする建築こそ、建築本来の姿であるという思いをますます強くしたはずだ。そして、本来の建築に回帰すべし、という決意を固めたと思われる。

近代の矛盾を表現するための建築ではなく、矛盾を解決するための建築をつくるべきだという決断をしたといってよい。アイゼンマンが時代を表象し、時代の先端を表現する建築をつくろうとしたのに対し、安藤は時代の矛盾と闘い、実践的に課題を解くための建築をつくることに注力していく。

## III　オリンピックと建築家

安藤は10年以上にわたって東京オリンピックの招致活動に尽力してきた。オリンピックという観点から東京の将来像を描き出し、都民の意識を変え、オリンピックへの期待感を盛り上げようとしてきたのである。彼のオリンピックに関する当初のミッションは、建築家の仕事というよりも、10年後の都市の魅力を描き出すグランドデザイナーという都市計画的仕事であった。

2015年7月16日、安藤は東京都内で記者会見を開き、2020年東京オリンピックのための新国立競技場の建築計画について、国際デザイン競技審査委員長として、ザハ・ハディド案を選んだ経緯を説明した。ザハ案のスポーツ施設に相応しい躍動感とインパクトのある形や祝祭的な雰囲気が、招致活動に効果があるだろうと期待して選考したこと、実際にフラッグとして有効に機能したこと。一方、建設コストについては、2012年11月のデザイン選定以降に設計チームが組織され、2014年5月に基本設計案が完了した段階では、1625億円という概算工事費だったことなどを述べた。当初予算は1300億円であったから、安藤は、実施設計段階でのコスト削減の努力によって、ザハ案が実現可能と認識していたことが会見資料に記されている。

ところが、2015年6月に建設コストは2520億円になることが判明。このために安藤は記者会見を開くことになったのだが、そもそも彼の役割は、建築計画やデザイン上の観点から作品を選定することであり、当初の概算工事費がおおよそ予算の範囲だったことは、公表資料の通りである。その後の費用の膨張については、彼の権限外のことで、知らされてもいない。

翌7月17日、安倍首相は建設費に対する批判に関して、このままではみんなが祝福できる大会にすることが困難であると判断し、計画を白紙撤回することを決定した旨を発表した。

しばらくして安藤から電話があった。「ようやくお役ご免になったよ」という一言が印象的だった。オリンピックから解放されたというよりも、建築をめぐる政治課題から解放されたという意味であろう。

記者会見での説明は正確であったが、これは安藤の10年間の活動の一局面である。そこで、オリンピックとの関わりについて、改めて本人に尋ねてみた。そして彼が何を考え、何をしたのかを時系列で整理してみた。

ことの発端は２００６年5月。安藤は、当時の石原慎太郎東京都知事から突然の電話を受けた。それは「２０１６年のオリンピックを東京に招致したいので、グランドデザインをお願いしたい」という依頼であった。安藤は、１９６４年の東京オリンピックと対比しながら計画を考え、新しい施設は最小限にとどめ、できるだけ既存の施設を活用しながらコンパクトなオリンピックを目指すというコンセプトをまとめ上げた。

当時、メインスタジアムは晴海に計画されることになっていた。安藤は計画を推進するためのイメージとして、緑に埋もれたスタジアムの絵を描いたが、新しくつくる施設はすべて、国際コンペで案を募集すべきであると考えていた。２０１６年のオリンピック招致活動は、石原都知事の強いリーダーシップの下、東京都の主導によって推進された。安藤は10年後の東京の姿をどのように描くかを考えた結果、何よりも環境をテーマに据えるべきであるという結論に至ったのである。

具体的には、大規模な都市改造は一切やらずに、既存の施設に手を加えながら使い、最低限の新しい施設を補充するというものだ。選手たちの長距離移動をさけるため、半径8キロ以内に選手村や練習場を設ける。緑を整備し、電柱の地中化や校庭の芝生化など、できることをやっていこうと計画した。そして石原知事の号令で、電柱の地中埋設と街路樹の植樹、小学校の校庭の芝生化、屋上緑化、壁面緑化が実際に進められた。その一方で安藤は、東京湾のゴミの埋め立て地を緑の森に再生する「海の森」の募金活動を始める。

残念ながら２０１６年のオリンピック招致計画は失敗した。しかし地球環境や景観を重視した次世代に向けた取り組みとしては、一定の成果を残すことができたと安藤は考えている。この取り組みが契機となり、将来的に東京のまちが循環型社会のシンボルとなって、「自然とともに生きる」というメッセージを、地球規模で伝えていくことができるようになれば、と考えていた。安藤の10年に及ぶオリンピックとのかかわりのうち、ここまでが前半部である。

２０１６年のオリンピックはブラジルのリオデジャネイロに決定し、石原都知事も任期満了で知事職から退くのではないかと噂されていた。だが２０１１年の都知事選に立候補して四選を果たし、オリンピック招致にむけて再挑戦することになる。この時点で２０１６年構想は大幅に変更された。メインスタジアムは都の敷地から国の敷地に変更され、組織についても、日本スポーツ振興センターが主たる実行機関となり、それを文部科学省が管轄するという構図になる。安藤自身も、２０２０年に向けては、招致委員ではなく、新国立競技場の国際コンペの審査委員長という立場となる。

安藤のグランドデザインに関する主張は理解できるし、一貫している。環境という価値観を軸に、大都市東京の在り方を変革し、21世紀にふさわしい都市モデルを構築するという夢の実現だ。かつて１９６４年、東京五輪の時に求められたインフラ整備による成長モデルではなく、これからは肥大化し過ぎた都市を制御し、人間と自然とのバランスのとれた環境をどのようにつくっていくかという視点で都市を再編成していくこと。経済性を最優先した都市開発ではなく、地球環境や景観を重視した新しいまちづくりこそ次世代都市のモデルとなるという考え方だ。

ところで我々の知りたいことは、なぜ安藤は自ら建築設計をしなかったのか、オリンピック招致のためになぜここまで環境活動を行うのか、ということである。直接的な答えは、安藤の立場と役職にあると思う。２０１６年招致のときは、安藤はマスタープランを検討する「グランドデザイナー」という立場であり、招致委員会理事であった。

安藤は２０１６年に向けて、石原都知事から依頼された「招致のためのグランドデザインの策定」という仕事を字義通りに実行している。彼の仕事はあくまでもグランドデザインであり、建築設計の仕事ではない。安藤は当初から、「自分はメイン施設の設計はやらない」、「国際コンペで設計者を決めるべきだ」、「環境をテーマとしたオリンピックにするべきだ」という三つの方針を決めていた。オリンピックのような大きな仕事においては、グランドデザインと設計業務は分離すべきであるというのが彼の考え方である。グランドデザインを引き受けた以上、自ら設計は行わない、コンペによって設計者を選ぶべきだと考えたのである。彼の立場と考えは明快だ。

２０２０年の招致に向けては、彼の立場は新国立競技場のコンペの審査委員長であり、有識者会議のメンバーという役割に変わった。新国立競技場のコンペでザハの案が選ばれたのは、もちろん、ザハ案の躍動感、華やかさ、祝祭性といった特性がオリンピックに相応しいと評価されたからである。しかもこれは選考委員会の決定であり、安藤個人の判断ではない。だが建築をコンペで決めること、造形的な判断を委員会で行うこと、民主的に芸術的判断を行うこと、これまでになかった大胆な造形を予算化することは、日本を代表する専門家たちにとっても難しい仕事であったに違いない。

また、環境を主軸とする都市づくりとオリンピックとはどのような関係にあるのだろうか。その答えは、クーベルタン男爵の近代オリンピックの精神の中にあるといえよう。オリンピックは単なるスポーツ大会ではなく、青年のための祭典であり、芸術家の祭典でもある、というのが男爵の理想であった。したがって開催都市の魅力を演出するための裁量には幅がある。さらに、オリンピックは建築と政治が最も接近する場である。こうした条件が重なりあって、オリンピック精神の現れ方は時代や国によって大きく異なることになる。

東京はこれまで三度、オリンピックの開催都市に選ばれている。１９４０年と１９６４年と２０２０年である。一方、オリンピックと建築家という観点から言えば、東京大学建築学科の教授の系譜が東京オリンピックの歴史と符合している。岸田日出刀《ひでと》（１８９９〜１９６６）、丹下健三、安藤忠雄、隈研吾（１９５４〜）である。丹下は１９６４年に代々木のオリンピックプールを完成させ、隈は２０２０年の新国立競技場の設計者に決まった。岸田は１９４０年のオリンピックに向けて調査研究活動を行っていたが、戦争のために東京オリンピックそのものが中止。そして、戦後の１９６４年のオリンピックにおいては東大のエースであった丹下の設計がスムースに行くように支援した。一方安藤は、東京のグランドデザインを策定する仕事を引き受けた。彼は、建築デザインの重要性は重々認識していたが、自分の仕事はグランドデザインによって東京の魅力を向上させ、招致活動の成功につなげることであると考えた。だからこそ東京が21世紀に相応しい環境都市となるような、地道な力仕事を行ってきたのである。

岸田と安藤は、オリンピックがうまくいくための役割が自分のミッションであると決めていた節がある。いわゆる「消滅する媒介者」の役割に徹しようと心に決めていたのではなかろうか。岸田と安藤は建築関係者の中でも社会的な視野が広く、建築以外の人脈も広いことから、何となくプロジェクトリーダーとしての役割が期待されたが、オリンピックのような大きなプロジェクトでは、多くの人が様々な段階で関与し、また離れていくのが自然である。

東京での第12回オリンピックを3年後にひかえた1937年3月、岸田日出刀東京大学教授は、前年夏のベルリン大会の視察報告書を書いている。そのなかで、競技種目について次のように記す。

オリンピック競技憲章の綱領第四に明記された条文に、「オリンピック競技に於いては、下記の種目は必らず行ふことを要す。陸上競技・体操・諸闘技（Combative sports）・水泳競技・馬術競技・近代五種競技・芸術競技」といふ一項がある。[11]

興味深いことに、近代五種の次に「芸術競技」があげられている。これは、建築、彫刻、絵画、文学、音楽の五種目のことであり、1924年のパリ大会で正規のプログラムに組み込まれたものだ。

岸田の報告書はさらに、芸術競技の招待日におけるドイツ宣伝相ゲッベルスによる挨拶文の草稿を紹介する。そこでは建築が「芸術の母」とされ、あらゆる「芸術中スポーツと最も緊密の関係にあるのは建築である[12]」と強調していたというのである。

スポーツと建築が密接な関係にあると言われても、いまひとつピンと来ないのだが、岸田はベルリン・オリンピックにおける建築諸施設を視察した際に、競技場のデザインに関して次のような所感を述べている。

どのやうな表現意匠が競技場建築としてよいかといふことは抽象的には言へない性質のものではあるが、大ざつぱに言へばスポーツ的精神といふやうなものゝ表出といふことにならう。(13)

そして具体的には、「質実・明快・単純・速力」などの表出が望まれるが、逆に「華美・陰鬱・錯雑・鈍重」といった要素の表出は避けるべきである、と言っている。当時のドイツ建築を見てみると、国立競技場や水泳場などは、規模宏壮にしてその意匠は豪快なものであるが、忌憚なく言えば、「その表現は些か鈍重の気味があり、明朗にしてスピーディーなものゝ表現に欠けてゐた嫌ひがある」。これが岸田の論評だ。

岸田の見るところ、無味乾燥にして人間性が感得できない。「歪められた強制と統制とがしつこくのさばつてゐるだけだ(14)」、と大変手厳しい。1930年代末の政局や時局を考えると、岸田の発言は大胆過ぎる。だが内容は正鵠を射ている。彼の建築観は健康である。

当時のドイツの建築には、政権による建築統制、デザイン統制、表現統制の影響が強く反映している。ベルリンを20世紀の模範都市とするために、新たに建築総監の職を設置し、アルベルト・シュペーア(1905〜81)を総監に任命したが、岸田が紹介する建築総監の職務とはおよそ次の二つである。[15] 一、ベルリン市街の乱雑を整理し、建築上の個人主義を排してナチズム一色に統制すること。二、重要建築物の新築はあらかじめ建築総監の認可を要すること。

1936年のベルリン大会は、ヒトラー政権が主導する国家の祭典であった。安藤による東京オリンピックのグランドデザインは、これとはまったく逆の理念に基づいている。彼は本業の建築に固執することなく、東京の新しい姿をソフト面から描き出すことに尽力してきた。歴史的にみれば、建築がオリンピックという祭典の舞台を飾ってきたことは確かだが、安藤はそこから大きく旋回し、新たな都市文化としての環境デザインに注力したのである。

クーベルタン男爵の理念が示すように、オリンピックは単なるスポーツ競技会ではない。文化の祭典であり、平和の祭典であり、その上でスポーツの祭典が展開されるべきなのだ。安藤はオリンピックの文化的側面に注目し、ハード面の事業ではなく、ソフト面の計画によって開催都市東京の文化と日本の知恵を示したいと考えたのである。

オリンピックに関しては、建築家安藤というよりも、革命児安藤として、価値観を変え都市を変えていく力仕事に尽力したといえよう。

## Ⅳ　建築家の自我理想

建築家は自分がつくりたい作品について熱く語る。しかし、なりたい建築家像について明確に語る建築家は少ない。そもそも建築家とはどのような人物をさすのであろうか。

建築家の原型は、ギリシャの昔にさかのぼる。柄谷行人はその著『隠喩としての建築』の冒頭において、「哲学者を定義しようとしたとき、プラトンやアリストテレスが建築家を隠喩として用いたことは、建築がギリシャ語において意味したことから考えてみれば、たんなる偶然ではない[16]」と述べている。続いてアーキテクトの語源に触れ、建築家の人物像を描き出している。建築家を意味する「architechtōn は、始原、原理、首位を意味する archē（アルケー）と、職人を意味する techtōn との合成語である[17]」。

ギリシャにおいては、建築家とは単なる職人ではなく、原理に基づく知識の裏付けによって、職人や技術者を統括し、制作を企画し指導できる人物のことであった。さらに重要な点は、「プラトンやアリストテレスが哲学者を建築家になぞらえ、哲学を知の建築とみなしたこと、いいかえれば知を建築的なものたらしめようとした[18]」ことだと柄谷は指摘する。ギリシャにおいて、建築家はプラトンやアリストテレスが参考にするような偉大な技術者なのである。建築関係者にとってはうれしい指摘だ。現代では、ものづくりの地位は、ギリシャの昔ほど高くはないからだ。

一方、安藤は、文化的に高級であるかどうかには無頓着である。本質的であるかどうか、必要であるかどうかによって行動する。先入観に左右されない。ハッキリ言って哲学コンプレックスというものを感じない人だ。これは彼の強みであり才能かもしれない。

つらつら思うに、安藤の建築界における最大の功績は、哲学コンプレックスを排し、ものづくりに専念することによって、哲学と建築が対等であった時代を再び思い起こさせてくれたことかもしれない。彼はギリシャの昔のアーキテクト本来の姿を想起させることに貢献したのである。

ギリシャにおいて文化的に高い地位にあった建築家のイメージは、時代を経るにつれて現実的かつ職能的な人物像となっていく。ローマ帝政期に、ウィトルーウィウスが『建築十書』を著した。これは現存する最古の建築書であり、冒頭部に建築家について書かれている箇所がある。

建築家の知識は多くの学問と種々の教養によって具備され、……制作と理論から成立つ。制作とは絶えず練磨して実技を考究することであり、それは造形の意図に適うあらゆる材料を用いて手によって達成される。一方、理論とは巧みにつくられた作品を比例の理によって証明し説明しうるもののことである。[19]

理想的なものづくりの総括者としての建築家像は時代とともに世俗化し、技術者的側面が強くなるように思われる。とはいえ、建築家は「美・用・強」の三要素を兼ね備えた建築をつくる人というイメージが引き継がれていく。

さて安藤の場合、建築家像はどのようにして彼の中に築かれてきたのであろうか。

安藤は20代の頃、自分を鍛えるための修業の旅にでかけている。これは宮本武蔵の剣の道を究める旅と同じである。厳しい困難に出会えば出会うほど、自分をより強く、たくましくする旅であり、困難こそが自分の成長にとって必要な栄養源となるような旅である。しかしこれは、今振り返ってみればそのように見えるということなのであって、当時の安藤青年が建築道を究めようという意図をもって旅に出たのではない。建築の方に向かって歩きだしてはいくのだが、建築以前にやるべき人生の基礎固めの方が彼にとっては急を要していたのではなかろうか。彼は言葉にならない衝動に突き動かされて旅に出たのである。

艱難辛苦を乗り越えて安藤が目指そうとしてきた人物像とは、どのようなものか。戦後の日本社会においてどのように位置づけられる人物なのであろうか。

スラヴォイ・ジジェクは、20世紀ブルジョア社会における主体の三つの類型を提示している。[20]三つの類型の第一は自律的個人、第二に他律的組織人、そして第三に近年多く見られるようになった病理的ナルシスという人物像である。

日本においても戦後第一世代は、戦災復興を目標に生きていくことに懸命であり、自律的個人を目標としていた。しかし、戦後経済成長期を経て優秀なサラリーマン階層が主流を占める時代になると、理解力と調整能力に長けた、もの判りの良い人物が台頭する。ポジティブではあるが面白みに欠ける人物、もの判りの良い秀才型人間である。そして、近年増加しつつある病理的ナルシスと呼ばれる世代は、大きな夢の実現にはあまり関心がなく、個別具体の規則の束に執着するオタク的人物である。

安藤は、困難に打ち勝つ強い個人を理想とし、難しい仕事を一人でやり遂げることに誇りと喜びを感じる人であり、困難に立ち向かう勇気と倫理に裏づけられた人生を生きようとする。彼の充足感は、周囲の圧力に抵抗し自分自身に忠実に生きたという、納得の情から生じてくる。安藤は典型的な自律的個人といえよう。

一方、他律的組織人は、自分の所属する組織や周囲からの期待によって自我理想を形成していくため、所属する組織や会社などへの忠誠を選ぶという行動規範に重きを置く。所属するグループの目で自分を眺めることができ、自分にアイデンティティを与えてくれた組織から敬愛される人物としての自分を見ている。他律的組織人の自我理想は組織のめざすところと一致しており、組織への献身が自己実現につながるものとして行動していく。

自律的個人も他律的組織人も自我理想をもち、それを実現しようと努力するのに対して、病理的ナルシスは、自我理想を達成しなければならないという抑圧を無視する。病理的ナルシスは理想の実現という行動規範を欠いており、それに代わって、規則の束によって行動パターンを決めていく。うまくやるための規則集、適応のためのマニュアル、成功のための指針集などを使い分けて行動する人物である。

他律的組織人は組織の従僕としての重圧に苦しめられる。一方、病理的ナルシスは、自分勝手に振る舞っているかのように見えるが、彼の内部には、権威や上司といった組織からの命令に代わって、享楽を押し付けてくる超自我の声が響くようになる。

安藤は、旅によって典型的な自律的個人となった人である。今にして思えば、旅に出るずっと前からの運命のように、自律する個人への準備が行われていたといってよい。彼は、祖母から厳しく躾られたが、大正や昭和生まれの母親にではなく、明治生まれの女性に育てられたことによって、より古風な明治の精神が注入されている。また高校時代のプロボクサーとしての体験は、自律的個人を強化するための修練以外の何ものでもない。さらに職も持たず、大学にも行かず、一人で外国への旅に出ることは、最大級の試練を自らの人生に課すことになる。ある意味ではギャンブルであり、自律する個人を確立するしか生きる道はない。別の視点からすると、安藤の場合、大学に行かなかったことが幸いした珍しい例である。大学教育は、知らず知らずのうちに学生を他律的組織人として育成するからだ。大学は、学生を良き社会人や良き組織人として育成し、所属する組織からの期待に応えられる人物として自らを仕立て上げていくための教育機関である。組織人を育成する教育機関と自律的個人とでは基本的に価値観は異なるのかもしれない。今日では、安藤のようなフリーランスの建築家を大学が育成できるかどうか、大変難しいと思われる。

1970年以降、モダニズム建築の規範が力を失っていくにつれ、自律的個人、他律的組織人のいずれでもないナルシス的人物が増えていく。あえていえば、自律的個人と他律的組織人はモダニズム建築の薫陶を受けて育った人物であるが、病理的ナルシスはモダニズムという自我理想が形成できていない人物であり、いわばポストモダニズムの範疇にいる建築家といえよう。

安藤にとって、彼の頭から離れない建築は、若いときに決定的な影響を受けたパルテノン神殿である。

パルテノン神殿は西欧建築の父であり、西欧文化の原点でもあるが、20世紀においても影響力を発揮し、コルビュジエを通して近代建築の起点となった建築である。近代建築にとっての原父とでもいうべきパルテノン神殿は、父なる超自我として安藤を捉えることになる。

一方、建築の内部空間に関しては、中学生の頃に自分の家の増築時に屋根を壊した際、天空から降り注いできた光に感動した体験が、その後の建築体験を経て、より壮大なイメージへと

古代ローマの栄光を今に伝える「パンテオン」　撮影＝広瀬達郎［新潮社］

昇華していく。ローマのパンテオンである。パンテオンの丸屋根の頂上から降り注ぐ天空の光と、大阪下町の長屋の屋根から降る光が重ねあわさり、強固なイメージとなって安藤を捉えていく。個人史と建築史が混ざり合い、再構築された空間のイメージは、ときには強い掟となり規範となって彼の頭の中の建築観を支配する。ギリシャの幾何学とローマの空間という古典の世界が、安藤忠雄の建築家としての自我理想を形成する。

安藤のような自律的個人主義を掲げる建築家が、企業や組織で力を発揮できるかというと、これは甚だ疑問である。安藤忠雄がネクタイを締め、定期券をもって会社に通う姿は、悪夢である。大阪弁で「あり得へん」というやつだ。

組織人としての建築家については、1937年（昭和12）に西山夘三が、「我国建築家の将来に就いて」という論考において、「なぜ日本の建築家が自由芸術家でありえないのか、そして更に建築家が自由な芸術家になる以外によき建築を生む機構が果して存在し得ないのか[21]」という問いを投げかけている。彼が提案したのは、建築家が専門家集団として社会変革に重要な役割を果たすことができる組織形態であった。そして実際に戦後日本では、組織事務所、施工会社、プレハブ会社、住宅公団のような公的機関などが、建築界を牽引してきた。

地震国日本としては、安全安心の観点からも耐震設計の理論と同時に耐火性能の研究は絶対に必要な分野である。今日、日本におけるこの分野は、研究面でも技術面でもさらには法的整備においても、世界で有数の高いレベルに達した。これは建築構造学者をはじめとする技術者集団の成果である。だが皮肉なことに、日本では建築が芸術でなかったがゆえに、大学における建築構造学が発達したともいわれている。

かつて野田俊彦（1891〜1929）は、建築芸術派に対して建築非芸術論を突き付けた。この建築非芸術論は建築界ではあまり評判がよくないのだが、実は建築の実用性と芸術性を架橋する論考であり、「建築芸術の否定的肯定[22]」とされている。いわば非装飾の美を主張したのだが、当時はなかなか真意が伝わらなかった。

個人的感想だが、自律的個人としての建築家は、西洋建築の伝統である「美・用・強」の順に価値観を置いているように思われる。これに対して他律的組織人としての建築家は、より科学技術者的であり、「強・用・美」の順に関心があるのではなかろうか。しかし、もし安藤に尋ねれば、「善」を第一に挙げるかもしれない。あるいは、建築家は善と美を一致させようと尽力するものだと答えるかもしれない。

安藤の作品の魅力は美しさにあるが、生き方の魅力は戦う姿勢にある。安藤忠雄は戦う建築家として、善に向かって走り続けるのではなかろうか。

上｜2016年オリンピックの東京招致にあたり、安藤が東京湾岸にイメージしたメインスタジアム案。
下｜1964年東京オリンピックで丹下健三がつくった国立代々木競技場。手前が第一体育館、左奥が第二体育館。撮影＝筒口直弘［新潮社］

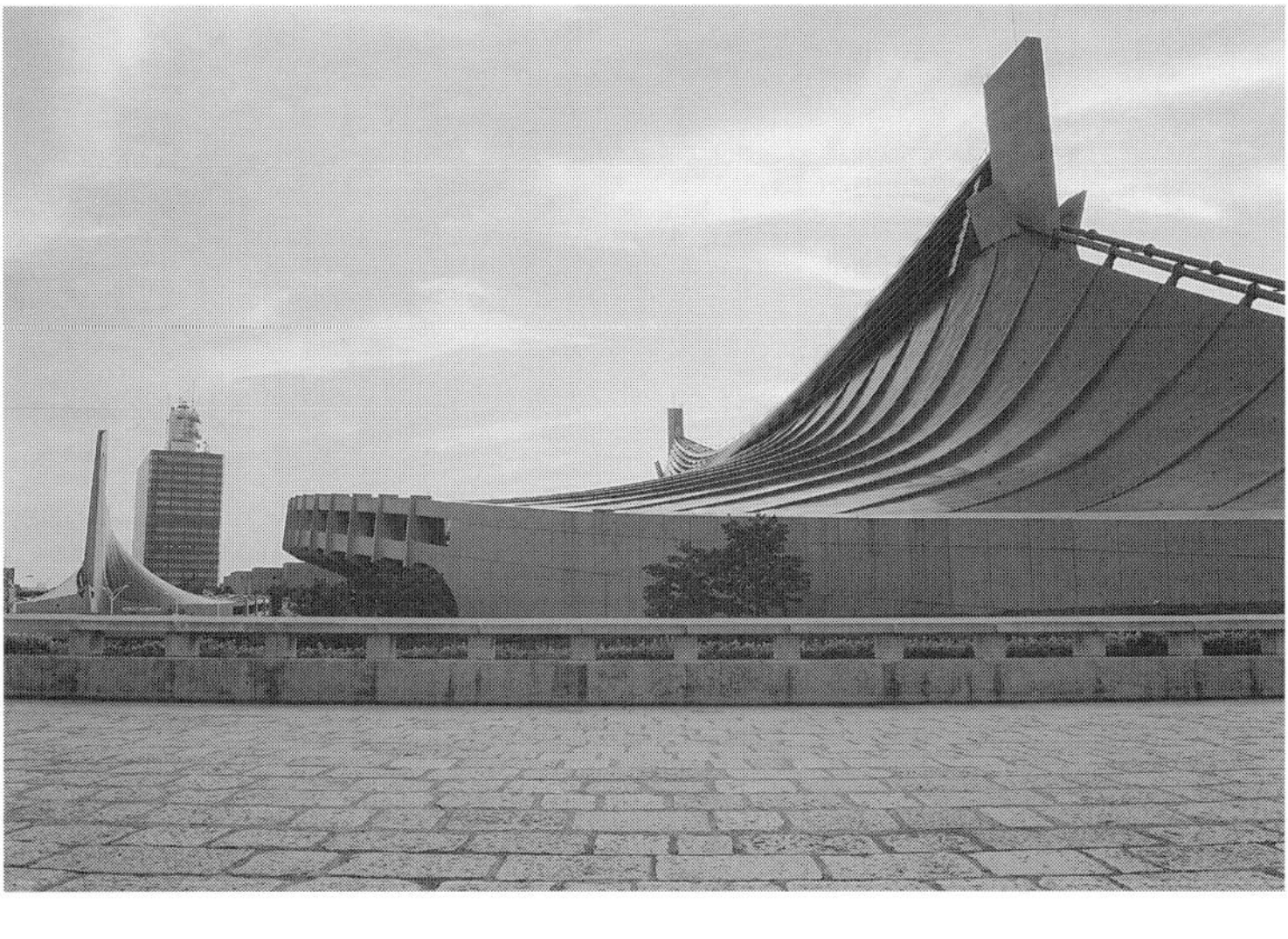

## むすびにかえて——明日への扉

2016年5月、花の都パリ。

その花びらの一つ、レ・アール地区に建つ「ブルス・ド・コメルス」。この18世紀に建てられた穀物取引所は、19世紀にも、20世紀にも改修工事が施され、パリとともに生きてきた建物である。そしていま、21世紀の再生計画を推進するのは、安藤忠雄とピノー財団。ヨーロッパ建築界では有名なゴールデンコンビである。安藤さんとピノーさんは、ヴェネチアのプンタ・デラ・ドガーナの保存改修計画を成功させ、21世紀の建築文化の進むべき一つの方向性を強く打ち出した。

彼らは、地球上のすべての文化文明領域において、緊急の蘇生手術が必要な建物をピンポイントで見つけ出すと、古い外皮を切開し、内部に最先端の機能空間を埋め込んだ上で縫合するという建築手術を行う。その手際の良さ、工芸品のような質の高さは注目の的なのだ。そして今度はパリのブルス・ド・コメルスに蘇生手術を施す。

それにしても、なぜパリなのか。もちろん、パリでなければならないからだ。よりによってなぜ今なのか。もちろん、今でなければならないからだ。花の都、芸術の都、文化の都が、いま凄惨な暴力に汚染されようとしている。暴力に力で対抗するのでなく、文化で応えようとする人がいる。そんなことが可能なのか、有効なのか、危険すぎるのではないのか。そうかもしれない。

だが、やり遂げる価値はあると考える人がいる。パリにおいて、文化的な生活を続けることが、プライドの証、人間の証だと考える多くの人がいる。建築が文化を入れる花かごであると同時に、生活を支える基盤であることを理解している人がいる。

安藤さんの好きなミケランジェロは、フィレンツェでダビテ像を彫った。ダビデは、落ち着き払ってゆっくりと、投石器に石つぶてを入れ、巨人ゴリアテの額を打ち抜く。そのダビデ像は長年にわたってフィレンツェの人々を見守ってきた。ここパリにおいては、いまブルス・ド・コメルスの円形平面の中心部に直径30メートルのシリンダーが埋め込まれ、その内側は現代美術の展示空間となろうとしている。そして外側には二重らせんの階段が設けられる。安藤さんの二重らせんが埋め込まれた建物は、21世紀のパリの人々を見守る存在となるはずだ。

再びコルビュジエを引こう。彼は「幸福な都市には建築がある(1)」と述べている。素晴らしいもの、最も美しいもの、民を幸福にするものとして、幸福な民の産物として、建築はあるのだと。

生まれ変わったブルス・ド・コメルスが、明日のパリに幸せをもたらすことを祈っている。

本書を執筆するにあたって、安藤忠雄、由美子ご夫妻から、あらためてお話をうかがい、貴重な家族写真を提供していただいた。40年の長きにわたるお二人のご厚情に重ねて、感謝申し上げる次第です。

二〇一六年六月

古山　正雄

# 注

## はじめに

（1）ル・コルビュジエ『建築をめざして』吉阪隆正訳、鹿島出版会、1967年、195-208頁

## 01

（1）安藤忠雄「自作年譜」、日本の建築家編集部『日本の建築家6 安藤忠雄―挑発する箱』丸善、1986年、134-135頁
（2）同上、132-133頁

## 02

（1）安藤忠雄「都市ゲリラ住居」、「都市住宅」1973年7月臨時増刊号、鹿島研究所出版会、18頁
（2）同上、19頁
（3）インタヴュー／坂本一成・安藤忠雄・石山修武、聞き手／伊東豊雄「近代以降の戦略を練る建築家たち」、「建築文化」1977年10月号、彰国社、108-113頁

## 03

(1)浅田彰『構造と力―記号論を超えて』勁草書房、1983年、鏡像段階については134頁、138頁、想像界から象徴界については143-149頁参照
(2)安藤忠雄『安藤忠雄の建築 1』TOTO出版、2007年、70頁
(3)対談/丹下健三・磯崎新「世界現代建築の行方」、「新建築」1970年1月号、新建築社、152頁
(4)磯崎新『建築の解体』美術出版社、1975年/鹿島出版会、1997年
(5)安藤『安藤忠雄の建築 1』、71-72頁
(6)同上、73頁
(7)石田潤一郎「序論――『関西のモダニズム建築』再発見のために」、石田潤一郎監修『関西のモダニズム建築―1920年代~60年代、空間にあらわれた合理・抽象・改革』淡交社、2014年、6頁(明らかな誤植は正した)
(8)J・サマーソン『古典主義建築の系譜』鈴木博之訳、中央公論美術出版、1989年(新装普及版)、21頁
(9)同上、115頁
(10)同上、114頁
(11)同上、4頁

## 04

（1）鈴木博之「磯崎新という多面体」、『磯崎新建築論集』第8巻、「月報8」、岩波書店、２０１５年、４頁
（2）安藤忠雄『安藤忠雄の都市彷徨』マガジンハウス、１９９２年、７頁
（3）村松貞次郎『日本建築家山脈』鹿島研究所出版会、２００５年（復刻版）、39頁
（4）同上、40-42頁

## 05

（1）ペーター・ツムトア『建築を考える』鈴木仁子訳、みすず書房、２０１２年、67頁
（2）レオナルド・ベネヴォロ『近代建築の歴史　上』武藤章訳、鹿島出版会、１９７８年、１３０-１３７頁
（3）ツムトア前掲書、20頁
（4）磯崎前掲書
（5）二川幸夫企画・撮影、ベルナール・ボシェ、マルク・ヴェレ『ガラスの家：ダルザス邸』三宅理一訳、A.D.A.EDITA Tokyo、１９８８年
（6）長谷川堯『ロンドン縦断―ナッシュとソーンが造った街』丸善、１９９３年、36頁
（7）ツムトア前掲書、84頁
（8）同上

## 06

（1）安藤由美子『泣き虫フーちゃん、弱みそフミちゃん―母との最後の日々』私家版、2010年
（2）同上、「1995-2004　母との最後の日々」251頁
（3）同上、9頁
（4）同上、6頁
（5）同上、250頁
（6）スラヴォイ・ジジェク『斜めから見る―大衆文化を通してラカン理論へ』鈴木晶訳、青土社、1995年、119-121頁
（7）「なぜ安藤忠雄か―クライアント6人の証言」ルチアーノ・ベネトンへのインタビュー、「太陽」1995年10月号、平凡社、41頁
（8）鈴木博之「安藤行基説序説」、安藤忠雄『安藤忠雄の建築　3』TOTO出版、2008年、63頁

## 07

（1）林達夫「歌舞伎劇に関するある考察」、『林達夫著作集　1　芸術へのチチェローネ』平凡社、1971年、5-43頁、および加藤周一「解説」355-373頁参照
（2）中村雄二郎「林達夫氏の再発見―ドン・ファネリーのアルケオロジー」、『林達夫著作集　1』付録「研究ノート　1」7頁

（3）ケネス・フランプトン「批判的地域主義に向けて―抵抗の建築に関する六つの考察」、ハル・フォスター編『反美学―ポストモダンの諸相』室井尚・吉岡洋訳、勁草書房、1987年、40-64頁

（4）村松前掲書、23、25、27頁

（5）神代雄一郎「新建築40年の再評価」、「新建築」1964年6月号、新建築社、158頁

（6）同上、160頁

（7）［往復書簡］ピーター・アイゼンマン×安藤忠雄」、「SD」1989年9月号、鹿島出版会、33-40頁

（8）レイモンド・スマリヤン『決定不能の論理パズル―ゲーデルの定理と様相論理』長尾確・田中朋之訳、白揚社、1990年、18頁

（9）コーリン・ロウ『マニエリスムと近代建築―コーリン・ロウ建築論選集』伊東豊雄・松永安光訳、彰国社、1981年、3-31頁

（10）同上、205-230頁（「透明性―虚と実」はロバート・スラツキイとの共同論文）

（11）岸田日出刀『甍』相模書房、1937年、178頁（明らかな誤植は正した）

（12）同上、188頁

（13）同上、135頁

（14）同上、136頁

（15）同上、137頁

（16）柄谷行人『隠喩としての建築』講談社、1983年、8頁
（17）同上、8-9頁
（18）同上、9頁
（19）『ウィトルーウィウス建築書』森田慶一訳註、東海大学出版会、1979年、2頁
（20）スラヴォイ・ジジェク監修『ヒッチコックによるラカン――映画的欲望の経済（エコノミー）』露崎俊和他訳、リブロポート、1994年、21-24頁、277-281頁
（21）村松前掲書、42-44頁
（22）同上、56頁

## むすびにかえて

（1）コルビュジエ前掲書、28頁

# 安藤忠雄《あんどうただお》　野獣《やじゅう》の肖像《しょうぞう》

発行　2016年8月25日

著者　古山正雄《ふるやままさお》

発行者　佐藤隆信

発行所　株式会社新潮社
〒162-8711 東京都新宿区矢来町71
編集部 03-3266-5411
読者係 03-3266-5111
http://www.shinchosha.co.jp

ブックデザイン　大野リサ

印刷所　大日本印刷株式会社

製本所　株式会社大進堂



乱丁・落丁本は、ご面倒ですが小社読者係宛お送りください。
送料小社負担にてお取替えいたします。
価格はカバーに表示してあります。
ISBN978-4-10-350241-8 C0052

特記なき写真・図版は、
安藤忠雄建築研究所の提供によるものです。